"营改增"微观效应研究

陆 勇 / 著

ON THE MICROEFFECTS
OF BUSINESS TAX
REPLACED
WITH VAT REFORM

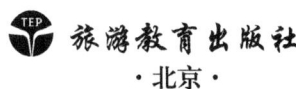

旅游教育出版社
·北京·

策　　划：赖春梅

责任编辑：陈　志

图书在版编目（CIP）数据

"营改增"微观效应研究 / 陆勇著. -- 北京：旅游教育出版社，2018.6

ISBN 978-7-5637-3745-1

Ⅰ. ①营… Ⅱ. ①陆… Ⅲ. ①增值税－税收管理－研究－中国 Ⅳ. ①F812.424

中国版本图书馆CIP数据核字(2018)第115844号

"营改增"微观效应研究

陆勇　著

出版单位	旅游教育出版社
地　　址	北京市朝阳区定福庄南里1号
邮　　编	100024
发行电话	（010）65778403　65728372　65767462（传真）
本社网址	www.tepcb.com
E - mail	tepfx@163.com
排版单位	北京旅教文化传播有限公司
印刷单位	北京虎彩文化传播有限公司
经销单位	新华书店
开　　本	710毫米×1000毫米　1/16
印　　张	14
字　　数	190千字
版　　次	2018年6月第1版
印　　次	2018年6月第1次印刷
定　　价	52.00元

（图书如有装订差错请与发行部联系）

目 录

自　序 / 01

前　言 / 05

第1章　"营改增"历史必然性解析 / 001

1.1　"营改增"前我国流转税制状况与税改工作部署 / 002

1.2　我国传统营业税制弊端与"营改增"必要性分析 / 007

　　1.2.1　传统营业税制不利于我国税制的完善和优化 / 007

　　1.2.2　传统营业税与增值税并存给我国流转税征管带来困难 / 008

　　1.2.3　传统营业税制不利于扩大我国服务出口 / 009

　　1.2.4　传统营业税制不利于我国经济发展和产业转型升级的需要 / 010

1.3　"营改增"可行性分析 / 011

1.4　"营改增"研究意义 / 013

第2章　增值税制的国际比较 / 015

2.1　亚洲若干国家或地区的增值税制及其税收实践描述 / 017

2.2　世界若干发达国家或地区的增值税制及其税收实践描述 / 020

2.3　国外增值税制及其变迁的若干特点分析 / 026

2.4　国外增值税制对我国增值税改革的启示 / 027

第3章　主要文献回顾 / 035

3.1　国内外文献综述 / 037

3.2　文献评述与进一步研究方向 / 049

第4章 "营改增"行业效应及其影响因素研究 / 051

4.1 引言 / 052
4.2 文献综述 / 053
4.3 研究假设 / 058
4.4 研究设计 / 059
4.5 实证结果 / 061
4.6 旅游业"营改增"市场反应研究 / 064
4.7 本章研究结论 / 068

第5章 "营改增"财务效应研究 / 071

5.1 基于"营改增"视角的样本公司财务分析 / 072
5.2 "营改增"对样本公司财务绩效影响路径分析 / 075
 5.2.1 "营改增"对企业盈利能力的影响 / 075
 5.2.2 "营改增"对企业投资与营运资本能力的影响 / 075
 5.2.3 "营改增"对企业偿债能力的影响 / 076
5.3 基于财务绩效研究视角的"营改增"研究设计 / 077
 5.3.1 实证模型变量定义 / 078
 5.3.2 实证模型样本选取 / 079
 5.3.3 实证模型描述 / 079
5.4 基于财务绩效研究视角的"营改增"实证检验 / 081
 5.4.1 样本描述性统计 / 081
 5.4.2 相关性分析 / 082
 5.4.3 回归分析 / 083
 5.4.4 稳健性检验 / 085
5.5 本章研究结论 / 087

第6章 基于经济效率测度的"营改增"财务绩效研究 / 089

6.1 引言 / 090
6.2 文献回顾与假设提出 / 092
6.3 数据说明与研究模型 / 097

6.4 实证检验 / 098
6.5 研究结论 / 102

第7章 "营改增"对上市公司投资行为影响研究 / 113

7.1 引言 / 114
7.2 文献回顾 / 114
    7.2.1 投资效率相关研究 / 114
    7.2.2 "营改增"对企业投资效率影响相关研究 / 120
7.3 研究假设 / 122
    7.3.1 "营改增"与投资效率 / 122
    7.3.2 行业类别与投资效率 / 123
    7.3.3 股权性质与投资效率 / 124
7.4 样本选取、变量选择与模型设定 / 125
    7.4.1 样本选取 / 125
    7.4.2 变量选择 / 126
    7.4.3 模型设定 / 129
7.5 实证检验 / 130
    7.5.1 样本分析 / 130
    7.5.2 描述性统计 / 132
    7.5.3 相关系数分析 / 133
    7.5.4 回归分析 / 134
    7.5.5 稳健性检验 / 138
7.6 本章研究结论 / 140

第8章 "营改增"盈余管理研究 / 141

8.1 文献综述 / 142
    8.1.1 国外文献综述 / 142
    8.1.2 与盈余管理相关的国内文献综述 / 143
8.2 理论分析与假设提出 / 145
    8.2.1 "营改增"对盈余管理的影响 / 145
    8.2.2 机构投资者持股比例、"营改增"与应计盈余管理 / 148

8.2.3 机构投资者持股比例、"营改增"与真实盈余管理 / 149
8.3 研究设计 / 150
8.3.1 样本选择 / 150
8.3.2 实证模型与变量定义 / 151
8.4 实证分析 / 155
8.4.1 描述性统计 / 155
8.4.2 盈余管理各变量间的相关性检验 / 160
8.4.3 配对 T 检验 / 162
8.4.4 多元回归分析 / 163
8.4.5 稳健性检验 / 170
8.5 研究结论与建议 / 174
8.5.1 研究结论 / 174
8.5.2 对策与建议 / 176
8.5.3 研究局限性和未来发展方向 / 176

第 9 章 "营改增"政策评述与优化建议 / 179

9.1 本书的主要研究结论 / 180
9.2 "营改增"政策评述 / 183
9.3 增值税制优化建议 / 196

结束语 / 206

致　谢 / 208

自 序

税收是国家凭借公共权力,按照法律所规定的程序和标准,参与国民收入分配的一种方式。税收体现了一定社会制度下国家与纳税人(个人、企业和其他社会经济组织)在征税、纳税利益上的一种特定分配关系。税收取之于民,用之于民。虽然政府提倡自主纳税,但税收以强制性、无偿性和固定性为前提。前者,自主纳税基于纳税人的自觉自愿;后者则强调税收的刚性。将这二者辩证统一起来,有助于我们形成正确的税收观并外化为我们的恰当税收行为。在现实社会背景下,税收几乎与每个人都息息相关,几乎与所有社会组织息息相关。所以,政府征税或者实施税收改革都能牵动几乎所有人的经济利益,都能引起大家的高度关注。当前,大家关心的税收热点很多,比如个人所得税改革、房产税改革以及增值税税率调整,等等。

从政府层面看,税收具有一些重要的功能,如组织财政收入的功能、调节社会经济运行的功能和监督经济活动的功能等。其中,税收的调节社会经济运行功能在我国政府政策制定中表现尤为明显。无论是分税制改革(1993)、增值税转型,还是"营改增(全称是'营业税改征增值税')"都是税收调节经济运行功能的体现。虽然税收作为一种经济运行调节工具屡屡被使用并影响社会生活的方方面面,但是它毕竟与调节经济运行的行政性工具不同。前者属于经济手段范畴,后者则是以行政命令、指示、指标和规定等行政措施来调节和管理经济,它们的实施主要是国家凭借政权的力量,通过行政系统和行政层次等以纵向性的逐级下达而实现的。

总之,无论从税收理论还是从税收实践、微观层面还是宏观层面,以及税收属性还是税收行为角度来看,税收都十分重要,它关乎我们的工作和生活的几乎各个方面,关乎我们几乎每个人的切身利益。而每次税收改革或税收新政的推出都是对税收利益(或税负)的一次调整,必然对某些行业、某些地区或某些人的利益有所触动,因而加剧人们对税收的关切。鉴于税收与税制改革的重要性，以及税收与人们日常生活和工作的密切关系，本书作者与项目研究小组成员拟开展以"营改增"为主题的项目研究。

非常幸运，我们项目小组在营业税改征增值税过程中申请到了若干科研课题，比如"'营改增'试点：财务绩效、市场效应与税收政策建议（13YJA790075）"、"'营改增'效应与首都现代服务企业财务对策研究（13JGB039）"、"旅游业营改增税制设计和相关政策问题研究"以及"'营改增'的经济后果及其对企业纳税筹划行为影响研究——基于现代服务业视角（13Bb018）"。这些课题从不同侧面关注"营改增"，涉及到营业税和增值税两个税种，但是聚焦增值税。在确定研究成果——专著书名时，遇到了一点点麻烦。最初，把书名定为《增值税改革的微观效应研究》。后来，作者经过与出版社讨论认为这个著作名有三点不妥：第一，项目研究工作的重点是两种税制之间的转变，只谈增值税改革有失偏颇；第二，仅从增值税改革而言，我国增值税改革远远没有停止，尚难对其进行全面、系统总结；第三，"营改增"已经实施完毕，政策效应已经逐步显现。作者此前已经结合科研立项做了大量前期研究工作，具备整理出版基本条件。所以，经与出版社探讨，慎重决定著作聚焦营业税改增值税，并将书名微调成《"营改增"微观效应研究》。

在整理上述几个项目研究成果过程中，为时数年的"营改增"工作已经告一段落了。然而，我国税制改革（包括增值税制改革）仍然没有停止，也不可能毕其功于一役。作者与项目组成员曾在前期研究成果（如"旅游业营改增税制设计和相关政策问题研究报告"）中预言，"营改增"以后将继续简并税率和降低税率改革。今年开春的一些政策措施恰好与我们的判断相吻合。2018年3月底财政部和国家税务总局官员表示，深化增值税改革是今年减税降费的重头戏。在以往"营改增"的基础上，今年将适当降低增值税税率水平：制造业等行业增值税税率将下调一个百分点，即由17%下调至16%；交通运输、建筑、基础电信服务等行业及农产品等货物的增值税税率也将下调一个百分点，即由11%下调至10%。经过此次调整，增值税税率仍然为三档，即16%、10%和6%。可见，从2009年初我国实施的增值税转型改革，到2012年初实施的营业税转增值税改革，直至今年即将实行的增值税税率下调，一脉相承，表明我国增值税制改革仍在"进行时"，而非像"营改增"政策措施实施那样已经成为"过去时"。

在过去几年研究工作中，我们主要做了如下五方面工作：

1. 调查研究工作

"营改增"是将一项新的税收制度用于实践的工作，是在部分行业实现由营业税制向增值税制转变的操作性极强的工作。所以，在此项政策开始实施之前和过程当中需要做大量的调研工作。比如，通过调查研究掌握税收改革行业及其所属企业的真实税负水平、这些企业及其对应的征税机关税收征缴情况、相关企业最大税负承受水平与新税制下可能面临的压力、基层对新税收政策学习和了解的程度，等等。调查研究工作大致分为两类，即问卷调查和企业访谈。这些资料或作为分析对象成为研究成果的一部分，或作为背景材料，或作为税收政策建议提出的参考依据。在这些调查研究过程中，数位研究生同学付出了很大努力，为项目研究作出了突出贡献。

2. 增值税和营业税制梳理工作

"营改增"起因于我国传统流转税制营业税和增值税的分设状况，其弊端不言而喻。其中，突出的弊端是营业税的重复征税和造成全社会范围增值税抵扣链条的中断，加上其他因素共同作用，使我国税收体系处于扭曲状态。为改变这种不利局面，关键是要立足于原有税制体系，拿出可行改革（改良）方案。我们的税制梳理工作大致分两条线：一是分别回顾传统增值税和营业税；二是进行比对分析。在此基础上，找到两种税制下企业税负差异及转换可行方案。该部分研究工作是项目研究的有机组成部分，也是对本项目其他研究工作的有力支撑。

3. 文献整理与增值税制国际比较工作

学术研究大多基于前人研究成果，特别是基于已有理论体系和经典文献。项目研究过程中，许多工作都是以整理文献为先导，从中梳理出适合项目研究的逻辑框架，寻找新的灵感，为假设提出提供证据支持，等等。鉴于"营改增"源于我国税制的特殊情况，我们的文献整理工作重点放在国内，对国外文献的参考重点放在研究方法上。通过增值税制的国际比较，我们可以了解中国流转税制（特别是增值税制）与国际上比较成熟的增值税制的差距，进而可以作为我国下一步增值税制改革方向的决策参考。

4. "营改增"微观效应实证研究工作

"营改增"微观效应研究本质上是价值相关性研究，可以研究的方向比较多，本书聚焦①市场反应研究、②财务效应研究、③经济效率测度及其与综合财务绩效的敏感性研究、④投资效率研究和⑤盈余管理研究。将这些内容放在一起有庞杂之感，为方便读者阅读，作者把它们整合成三个板块：①②统称为财务绩效研究，③④统称为效率研究，⑤盈余管理研究，也可以称之为企业行为研究。由于传统研究数据库关于企业税负的指标很少，所以研究中多以0—1变量作为代理变量，这一点往往容易遭到一些质疑。当然，研究中还有其他不足，有待在其他相关后续研究工作中加以改进。

5. 提出若干增值税制政策建议

由于税收具有综合性和波及面广等特点，与政府征税和税制改革相关联的利益相关者非常多，甚至可以说人人都与税收有关。所以，本书按照政府税收政策制定部门、税收征管部门、行业协会、企业及至个人分别提出相应对策和建议。值得指出的是，虽然政府郑重承诺"营改增"是结构性减税，而且保证企业税收负担只减不增，调研中确实发现大多数纳税人税负降低了，但是还是有例外情况出现，少数企业税负不降反升。针对这种情况，作者认为企业应当在结构性减税政策框架之下寻找税负降低的渠道与方法，但不能完全依赖政府。在市场条件下，纳税筹划是企业实现减轻税负目标的有力武器，企业应当积极主动地运用纳税筹划工具。

总之，本书基本完成了上述依托项目的研究目标，取得了一些阶段性研究成果。但是本书有待商榷的地方仍然不少，敬请大家批评指正。谢谢！

北京第二外国语学院　陆　勇

前 言

经济结构不平衡、产业发展不协调一直困扰着我国经济发展,对我国国民经济持续、快速和健康发展十分不利,也对我国尽快完全摆脱国际经济危机影响形成巨大障碍。我国政府对此高度重视,并为此做出了重要部署和安排。《中华人民共和国国民经济和社会发展第十二个五年规划纲要》①(2011年,以下简称《纲要》)要求,要坚持把经济结构战略性调整作为加快转变经济发展方式的主攻方向,加快发展服务业,促进经济增长向依靠第一、第二和第三产业协同带动转变。营业税改增值税("营改增")就是在此大背景下出台的,其根本政策动因就是希望通过完善我国税制,合理减轻企业税负,充分调动各方面积极性,促进我国经济转型升级。2012年1月我国史无前例的"营改增"率先在上海交通运输业和部分现代服务业启动,此后经过2013年和2014年两次大规模扩围,直至2016年5月在全国全面实施。

包括"营改增"在内的税制改革在我国社会经济全面发展中的重要地位和作用毋庸置疑。《纲要》发布以后,党中央、国务院的一系列重大决定反复强调经济结构调整和税制改革。比如,胡锦涛在中国共产党十八大报告《坚定不移沿着中国特色社会主义道路前进 为全面建成小康社会而奋斗》②(2012年)中再次要求推进经济结构战略性调整,推动服务业特别是现代服务业发展壮大;十八届三中全会在《中共中央关于全面深化改革若干重大问题的决定》③(2013年)中进一步明确促进重大经济结构协调和生产力布局优化,实现经济持续健康发展;李克强(2014)在政府工作报告中强调,要抓好财税体制改革这个重头戏,推进税收制度改革,把"营改增"试点扩大到铁路运输、邮政服

---

① 《中华人民共和国国民经济和社会发展第十二个五年规划纲要》发布时间2011年3月16日。
② 《坚定不移沿着中国特色社会主义道路前进 为全面建成小康社会而奋斗》发布时间2012年11月8日,中国共产党十八大报告。
③ 《中共中央关于全面深化改革若干重大问题的决定》发布时间2013年11月12日。

务和电信等行业。

鉴于我国行业经营状况差距大、工作复杂性等原因，"营改增"政策推出时并未给出此项税收改革完成具体时间表，学术界和业界曾经预期在 2020 年左右。随着中共中央政治局会议审议通过的《深化财税体制改革总体方案》（2014 年 6 月 30 日）和国务院《关于加快发展生产性服务业促进产业结构调整升级的指导意见》（2014 年 8 月 6 日，国发〔2014〕26 号）的出台，"营改增"时间表逐渐明晰，那就是尽快将营业税改征增值税试点扩大到服务业全领域。2016 年 3 月，财政部、国家税务总局发布《关于全面推开营业税改征增值税试点的通知》①（财税〔2016〕36 号），标志着持续四年多的"营改增"试点转向全面铺开。虽然全面"营改增"的举措经过充分、反复论证，其科学性和合理性不容置疑，但还是让一些持观望态度的基层组织和相关企业感觉有些措手不及（我们曾在 2017 年下半年开展补充调研，一些企业的负责人至今仍然有此感慨），致使他们的税改实施工作一度出现困难。

本书着重探讨以下七个方面重要问题：

①通过和行业主管部门、行业协会与学术界等多方面互动取得"营改增"的直接和间接资料，通过开展深入的现场调研和访谈深度挖掘和分析相关行业或企业"营改增"面临的主要问题，为实证研究、税制设计（优化）和税收政策建议提供支持。

②主要运用计量分析法研究"营改增"上市企业税负变化及其影响因素。

③研究"营改增"的市场反应和行业效应，看"营改增"政策的信号作用及其对资本市场的冲击，具体研究上市公司"营改增"的超额回报。

④运用数据包络分析法测度"营改增"上市公司经济效率，并探讨其变化趋势。本项研究的目的是检验"营改增"的政策效应，看它是否对企业技术效率的提高和规模经济的形成有促进作用。关键看"营改增"对"经济效率－财务绩效"敏感性的影响。换言之，探讨"营改增"是否提高上市公司纯技术效率或规模效率，进而促进财务绩效提高。

⑤运用实证研究方法探讨"营改增"对上市公司投资效率的影响。

⑥研究"营改增"条件下相关企业的"盈余管理"行为，特别是研究"营

---

① 财政部、国家税务总局《关于全面推开营业税改征增值税试点的通知》（财税〔2016〕36 号）发布时间 2016 年 3 月 23 日。

改增"与应计和真实盈余管理水平的相关性。

⑦在概括总结上述研究结果的基础上,从若干方面提出"营改增"政策优化方面建议。

本书所依托项目主要研究思路如下:

本书主要依托两个研究项目:"'营改增'试点:财务绩效、市场效应与税收政策建议(13YJA790075)"和"'营改增'效应与首都现代服务企业财务对策研究(13JGB039)"。由于本项目基本性质是政策性极强的应用性科研课题,因此在研究过程中要兼顾理论研究与税收实践相结合的原则。下面用一张图来概括地表述本书的研究思路,详细情况见图1。

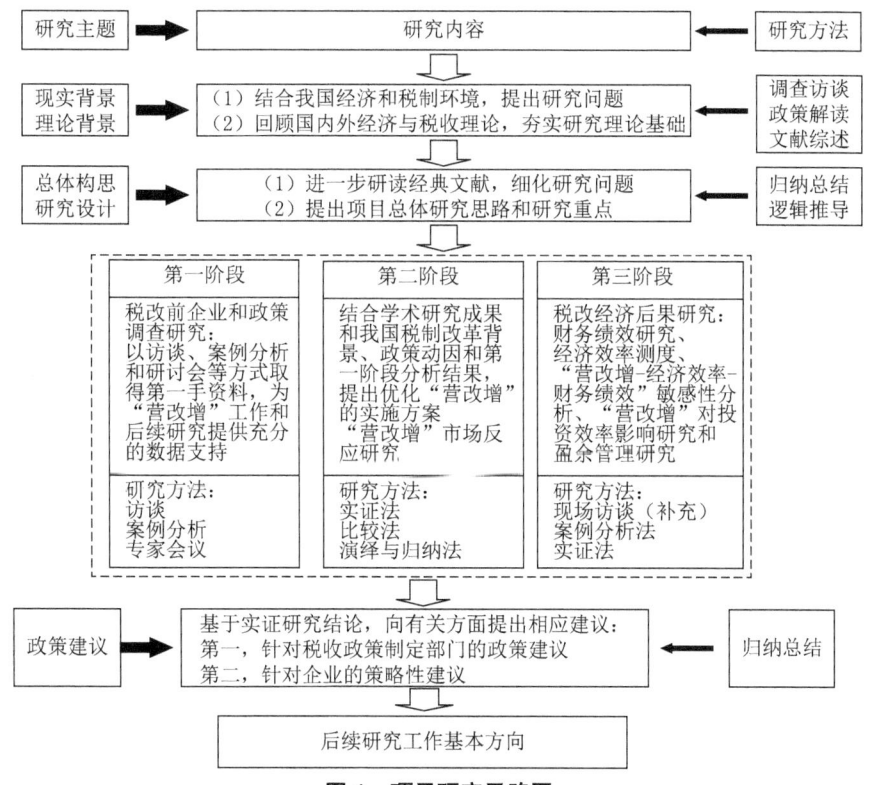

图1 项目研究思路图

本书依托项目主要采用如下研究方法:

本项目采用定性与定量相结合的研究方法,在充分回顾文献的基础上,建立计量模型进行实证分析,并开展问卷调查、案例研究和实地研究。

1. 定性研究

通过定性研究梳理文献,提出理论假设并建立模型。

同时,采用实地调研和案例分析法解析"营改增"影响试点企业税负的机理,概括总结"营改增"方案和配套措施,解析"营改增"企业财务绩效和经济效率的变化及其影响因素;揭示税收政策引致经济效率,进而引致财务绩效变化的内在机理,并为理论模型的建立与假设发展提供重要支持。

2. 定量研究

我们将主要基于商业数据库和手工收集的数据进行实证分析。研究中所采用的计量方法包括单变量统计检验,经济效率测度采用数据包络分析法(DEA),OLS回归模型,似无相关回归(SUR)模型①,Allen N. Berger(1995)、Timothy H. Hannan(1991)和秦宛顺(2001)研究模型等。

本项目研究特点主要表现在如下四个方面:

1. 从经济效率测度视角研究"营改增"的经济后果

"营改增"是在我国经济增长方式面临转变、产业面临转型升级的背景下展开的,政策出台目的是通过结构性减税促进第三产业(主要是交通运输业和现代服务业)的发展,是作为税收政策工具加以运用的。本项目具体从微观企业视角研究"营改增"对相关企业技术效率和规模效率的影响,进而研究其对综合财务绩效的影响。研究发现,"营改增"对上市公司"经济效率-综合财务绩效"的敏感性产生显著影响。换言之,"营改增"能促进第三产业企业技术进步,推动这些企业通过优化资源配置实现规模经济,最终能提高其财务绩效。

2. 与目前国内实证研究热点话题"宏观经济政策与微观企业行为学术研讨"相呼应

首先,这是经济规律使然,政府宏观经济政策对微观主体(或因素)的作用是非均衡的,有些微观主体(或因素)受到的影响大,而另外一些受到的影响可能很小,以此为题材容易产生系统性研究结论。其次,从2012年以来,以北京大学为首在国内社会科学领域掀起了"宏观经济政策与微观企业行为学

---

① Zellner,A.. An Efficient Method of Estimating Seemingly Unrelated Regressions and Test for Aggregate Bias [J]. Journal of the American Statistical Association,1962(57):348-368.

术研讨"热潮。这种学术现象的出现是我国经济发展使然，与我国政府在经济领域的积极作为和宏观调控政策的有效性密不可分。最后，学术研究特性使然。过去社会科学领域研究微观主体问题时往往把宏观因素排除在外，其基本逻辑是宏观政策对微观主体而言仅仅是外部环境，无须纳入研究模型，现在学术界自主、自动矫正了这种认识上的偏差。本项目研究宏观税收政策对相关上市公司的影响，其精神实质与国内学术热点"宏观经济政策与微观企业行为学术研讨"不谋而合，这也是本项目研究的一个亮点。

3. 建立起完整的税务实证研究框架

此次"营改增"给实证税务研究提供了一个天然实验契机。我们可以观测到"营改增"前、中、后的各种情况，搜集到完备的"实验"数据；我们针对这些资料综合采用各种研究方法，建立起"税制改革论证—税制改革政策实施—税制改革经济后果—政策反思"研究模式。这些研究工作和成果可以形成一个系统、完备的实证税务研究框架。

4. 深入研究"营改增"过程中出现的相关问题并提出建设性意见

本项目综合运用多种研究方法，从行业特点出发，研究"营改增"中出现的种种问题，分别针对交通运输业、现代服务业和旅游业从税收制度、税款征收管理等角度提出针对性强、建设性的政策优化建议。

此外，我们还将手工搜集大量数据，并进行案例研究和深度访谈，为实证假设的提出和数据分析做必要的铺垫。

为方便读者阅读，作者根据正文各部分研究内容之间的相互关系将全书划分为五个板块：

Ⅰ. 第一个板块包括报告第1章、第2章和第3章。其中，第1章是从我国税制演变历史角度阐述"营改增"的历史必然性。着重探讨四个方面问题：传统流转税制状况的概述与评述、"营改增"必要性分析、"营改增"可行性分析以及本项目的研究意义。第2章对全球增值税制进行对比分析，概括其特点及其对我国实施"营改增"与完善税制的启示。第3章回顾与本项目密切相关的国内外文献，为假设发展和实证检验提供理论支持。

Ⅱ. 第二个板块包括第4章股票市场反应研究、第5章财务效应研究。在充分调研的基础上，从市场反应角度研究政府宏观政策的信号作用（通过旅游业上市公司股票市场反应加以检验）；由于"营改增"直接影响相关企业的营业收入和营业成本，对综合财务绩效的影响并非必然显著，所以本书基于杠杆中介效应研究"营改增"对财务绩效的影响。这两个研究角度能在相当大程度上诠释"营改增"政策的有效性。

Ⅲ．第三个板块包括第6章"营改增"经济效率测度和第7章"营改增"对相关企业投资效率的影响。这两章研究内容主要从效率角度研究"营改增"政策的实施后果，从另一个角度论证"营改增"政策的有效性。

Ⅳ．第四个板块是指第8章。本章属于行为研究，主要探讨"营改增"对相关企业盈余管理行为的影响。重点对"营改增"与应计和真实盈余管理水平的关系进行研究，以检验税收政策的有效性。

Ⅴ．第五板块是最后一章。本章探讨"营改增"背景下的旅游业增值税制优化问题，并提出有针对性的政策建议。

第1章 "营改增"历史必然性解析

"营改增"是我国税制建设和改革历史进程中的一件大事,也是我国社会经济发展转型期的一项极其重要的工作。在研究其政策后果之前,有必要厘清它的来龙去脉,即便仅考虑研究成果的完整性也应如此。本章着重探讨"营改增"的必要性、可行性和研究意义等四个内容。

1.1 "营改增"前我国流转税制状况与税改工作部署

流转税是指以纳税人在商品生产、商品流通环节的流转额或流转数量以及非商品交易的营业额为征税对象的若干种税收的统称。过去,我国流转税包括增值税、消费税、营业税和关税四个税种,是我国财政收入的重要来源,占我国税收收入大部分。其中,国内增值税、营业税占相当大比重,从2007年到2012年期间这两项税收收入占我国总税收收入的比重在40%以上,加上国内消费税,大部分年份三项税收占我国总税收收入比重50%以上,详情见表1-1。

表1-1　2007—2012年我国流转税占税收收入比例

单位:%

年份 项目	2007	2008	2009	2010	2011	2012
增值税/税收收入	33.91	33.19	31.05	28.81	27.05	26.2
营业税/税收收入	14.23	14.06	15.14	15.24	15.25	15.60
前两项合计	48.14	47.25	46.19	44.05	42.30	41.80
消费税/税收收入	4.84	4.74	8.00	8.29	7.73	7.80
三项合计	52.98	51.99	54.19	52.34	50.03	49.60

资料来源:《中国统计年鉴》

流转税属于间接税，具有征税范围广、税收收入稳定和计算征收简便等特点。

征收流转税不仅可以广泛地筹集财政资金、保证国家稳定而及时地取得财政收入，而且可以起到调节社会生产和引导消费的作用。

自我国从1994年实行《中华人民共和国营业税暂行条例》之后，我国的流转税中一直存在着增值税和营业税并行的情况（本书不对关税和消费税作深入研究）。增值税是主要针对商品从生产至销售整个产业链中的增值额（V+M）征税，而营业税主要针对服务业、金融业和电信业等行业的营业额（V+M+C）征收。两大税种虽然区分清楚，但在税目上时有交叉，存在重复征税现象。同时，营业税本身也存在一定的缺陷。大多数情况下营业税是按照纳税企业的营业额全额征收税款的，而第三产业普遍存在外购应税劳务的情况，这种征税方法会造成已经缴纳过营业税的应税劳务，在购买应税劳务的企业再征收一次营业税，重复征税问题很突出。重复征税不仅加重了第三产业企业的成本，严重阻碍了第三产业的转型和优化升级，而且不利于我国税收制度的完善。所以，无论从发展国民经济还是从完善我国税制角度来看，必须适时对其加以改革和完善。如何改革和完善税制？要从现行税制分析入手，通过全面而深入地研究，发现现行税制的特点，找出问题的症结，既而找到行之有效的解决方法。本部分在详细探讨我国营业税和增值税基本状况基础上分析其弊端（或不足）。

营业税是国家对工商营利事业按营业额征收的一种流转税税。在我国，营业税起源可以追溯到古代，如商贾虞衡（周代）、算缗钱（汉代）、市肆门摊税（明代）和铺间房税、牙当等（清代）。当时虽然没有被冠以"营业税"之名，但是相当于现代营业税。中世纪欧洲政府对营业商户每年征收一定金额的许可金，也类同于现代营业税。1791年法国正式将许可金改为营业税，并按营业额大小征收。此后，世界各国纷纷仿效。

1931年，中国开始征收现代意义上的营业税，当时的中国国民党政府制定并颁布了营业税法。中华人民共和国成立以后，废止了国民党政府制定的旧营业税法，并于1950年颁布了《工商业税暂行条例》，作为征收营业税的法律依据。根据《工商税暂行条例》规定，凡在中国境内的工商营利事业，都必须按营业额在营业行为所在地缴纳营业税。1958年起，国家仍然没有把营业税作为独立税种看待，而是在试行的工商统一税及后来试行的工商税中设置若干税目加以征收。这种状况持续了很长一段时间，直到1984年营业税才又恢复到独立税种的地位。

1984年全国实行工商税制改革，国务院于同年9月18日在批转了财政部《国营企业第二步利改税试行办法》的同时，发布了包括《中华人民共和国营业税条例（草案）》在内的一系列税收条例（草案），将工商税中的商业和服务业等行业划分出来单独征收营业税。

根据建立社会主义市场经济体制的要求，1993年我国进行了大规模的税制改革。1993年11月国务院第十二次常务会议通过了《中华人民共和国营业税暂行条例》（下称《条例》），同年12月31日予以颁布，并规定自1994年1月1日起施行。自此，我国规范、统一的营业税制正式建立。《条例》实施以后，营业税税收征管中出现了大量新情况、新问题，为此财政部和国家税务总局出台了一系列规范性文件。为落实科学发展观，更好地适应我国社会经济发展的新形势，也为更好地体现依法治税，国家对1993年发布的旧条例进行了较大修改。2008年11月5日国务院第三十四次常务会议通过修订的《中华人民共和国营业税暂行条例》（中华人民共和国国务院令第540号，2008年11月10日），自2009年1月1日起施行。

为消除营业税重复征税的弊端，完善我国流转税制；为推动我国经济转型升级和促进第三产业，特别是促进我国现代服务业和交通运输业的发展，党中央、国务院适时做出"营改增"（营业税改征增值税）的重要部署。2011年11月16日，财政部、国家税务总局向各省、自治区、直辖市、计划单列市财政厅（局）、国家税务局、地方税务局，新疆生产建设兵团财务局印发了《营业税改征增值税试点方案》（经国务院同意，下文简称《方案》）。

经过国务院同意的试点《方案》是此次"营改增"试点的行动总纲。关于试点范围和时间，财政部、国家税务总局根据《营业税改征增值税试点方案》及相关国务院会议精神，制定了"营改增"三阶段推进具体策略。鉴于《方案》特别重要，本章摘其要点概述如下：

《方案》指导思想是，建立健全有利于科学发展的税收制度，促进经济结构调整，支持现代服务业发展。

《方案》规定的"营改增"基本原则包括三条：

（1）统筹设计，分步实施

正确处理改革、发展、稳定的关系，统筹兼顾经济社会发展要求，结合全面推行改革需要和当前实际,科学设计,稳步推进。

(2)全面协调,平稳过渡

妥善处理试点前后增值税与营业税政策的衔接、试点纳税人与非试点纳税人税制的协调,建立健全适应第三产业发展的增值税管理体系,确保改革试点有序运行。

(3)规范税制,合理负担

在保证增值税规范运行的前提下,根据财政承受能力和不同行业发展特点,合理设置税制要素,改革试点行业总体税负不增加或略有下降,基本消除重复征税。

《方案》公布的"营改增"试点主要内容包括:试点范围与时间、试点主要税制安排及试点期间过渡性政策安排。

(1)关于"营改增"试点的范围与时间

综合考虑服务业发展状况、财政承受能力、征管基础条件等因素,先期选择经济辐射效应明显、改革示范作用较强的地区开展试点;试点地区先在交通运输业、部分现代服务业等生产性服务业开展试点,逐步推广至其他行业;条件成熟时,可选择部分行业在全国范围内进行全行业试点;2012年1月1日开始试点,并根据情况及时完善方案,择机扩大试点范围。

(2)关于"营改增"试点的主要税制安排

在现行增值税17%标准税率和13%低税率基础上,新增11%和6%两档低税率。租赁有形动产等适用17%税率,交通运输业、建筑业等适用11%税率,其他部分现代服务业适用6%税率。交通运输业、建筑业、邮电通信业、现代服务业、文化体育业、销售不动产和转让无形资产,原则上适用增值税一般计税方法。金融保险业和生活性服务业,原则上适用增值税简易计税方法。纳税人计税依据原则上为发生应税交易取得的全部收入。对一些存在大量代收转付或代垫资金的行业,其代收代垫金额可予以合理扣除。服务贸易进口在国内环节征收增值税,出口实行零税率或免税制度。

(3)关于改革试点期间过渡性政策安排

试点期间保持现行财政体制基本稳定,原归属试点地区的营业税收入,改征增值税后收入仍归属试点地区,税款分别入库。因试点产生的财政减收,按现行财政体制由中央和地方分别负担;国家给予试点行业的原营业税优惠政策可以延续,但对于通过改革能够解决重复征税问题的,予以取消。试点期间针对具体情况采取适当的过渡政策;试点纳税人以机构所在地作为增值税纳税地点,其在异地缴纳的营业税,允许在计算缴纳增值税时抵减;非试点纳税人在试点地区从事经营活动的,继续按照现行营业税有关规定申报缴纳营业税;现有增值税纳税人向试点纳税人购买服务取得的增值税专用发票,可按现行规定抵扣进项税额。

(4)关于组织实施

财政部和国家税务总局根据本方案制定具体实施办法、相关政策和预算管理及缴库规定,做好政策宣传和解释工作。经国务院同意,选择确定试点地区和行业。营业税改征的增值税,由国家税务局负责征管。国家税务总局负责制定改革试点的征管办法,扩展增值税管理信息系统和税收征管信息系统,设计并统一印制货物运输业增值税专用发票,全面做好相关征管准备和实施工作。经过国务院同意的试点《方案》是此次"营改增"试点的行动总纲。关于试点范围和时间,财政部、国家税务总局根据《营业税改征增值税试点方案》及相关国务院会议精神,制定了"营改增"三阶段推进具体策略:

第一阶段,从 2012 年 1 月 1 日起,在上海交通运输业和部分现代服务业开展营业税改增值税试点。自 2012 年 8 月 1 日起至年底,国务院将扩大"营改增"试点至北京、江苏、安徽、福建、广东、天津、浙江、湖北 8 省(市)。

第二阶段,从 2013 年 8 月 1 日起,选择部分行业在全国范围内进行全行业试点,同时将广播影视服务纳入试点范围;2014 年 1 月 1 日,铁路运输业和邮政业在全国范围实施"营改增"试点;2014 年 6 月 1 日,电信业在全国范围实施"营改增"试点。

第三阶段,在上述两个阶段完成后,将全国所有服务性行业纳入增值税范围。从 2016 年 5 月 1 日起,将试点范围扩大到建筑业、房地产业、金融业、生活服务业,并将所有企业新增不动产所含增值税纳入抵扣范围,确保所有行业税负只减不增。

2017 年 10 月 30 日,国务院常务会议通过《国务院关于废止〈中华人民共和国营业税暂行条例〉的决定(草案)》。至此,营业税退出历史舞台,增值税制度也更加全面。

1.2 我国传统营业税制弊端与"营改增"必要性分析

承上文,"营改增"以前增值税和营业税是两个独立的流转税税种。增值税主要在除建筑业之外的第二产业征收,第三产业的大部分行业则课征营业税。这种税制安排始于1994年,与我国当时的经济体制、税收征管能力和经济发展水平密切相关。随着市场经济体制的建立和发展、我国经济发展水平的不断提高,产业面临转型升级,增值税与营业税并行做法的不合理性和缺陷日益显现,对经济运行造成扭曲,不利于经济结构优化,必须适时加以改革。

1.2.1 传统营业税制不利于我国税制的完善和优化

探讨完善和优化税制离不开"最适"税收理论。这里"最适"与经济学中"最优"概念相当,最优税收意味着征税不对企业和市场产生不当影响。最优税收理论基于一些严格的假设,比如:个人偏好、生产技术和市场结构必须明确表示出来;政府必须通过一套交易成本较低、有限的税收工具来筹集既定的收入;在多人模型中,以社会福利函数作为标准函数,计算出各种结果,并以此作为选择收入的工具。但是,现实情况往往是政府制定的税收制度绝大多数不符合最优原则,因为征税在市场有效配置社会资源时加入了"楔子"。换言之,现实中根本找不到最优税收原型。但是,我们并不能由此得出探讨最优税收理论没有任何意义的结论,而是沿袭该理论探讨其适用领域与作用。

在自由主义经济学的传统中,市场是万能的,税收要保持中性的原则,不能干预市场的正常运行。但是随着人们对市场失灵的认识,税收被认为在存在失灵的领域具有调控作用。现代的最优税收理论更加明确了税收在市场中的调控作用,这种作用不仅在失灵领域,而且还作用于非失灵领域。政府可以通过税收对市场运行进行调控,其目标定位于减少经济波动、促进经济增长、增加就业和促进产业结构的优化。

在我国传统流转税制中,增值税和营业税并行,对商品销售征收增值税,而对服务销售征收营业税。这种格局不仅降低了税收效率(实证研究证明,税制复杂、多档税率等因素都会显著降低税收效率),也破坏了增值税的抵扣链条，影响了增值税作用的发挥。即便从营业税与增值税的简单比较中，我们也能肯定增值税具有明显的优势，因为增值税具有"中性"的优点（即在筹集政府收入的同时并不对经济主体施加"区别对待"的影响，因而客观上有利于引导和鼓励企业在公平竞争中做大做强）。但是要充分发挥增值税的这种中性效应，前提之一就是增值税的税基应尽可能宽广，最好包含所有的商品和服务。而"营改增"之前的税制中增值税征税范围较为狭窄，导致经济运行中增值税的抵扣链条被打断，中性效应大打折扣。

1.2.2 传统营业税与增值税并存给我国流转税征管带来困难

两套税制并存给税收征管带来巨大困难，增加了税收征管成本，必须择机加以调整或改革。

一方面，营业税和增值税占国家税收收入比例高，税款征收额度大，征管任务重。表1-2详细列示1994年至2012年期间我国增值税额及其占国家总税收收入的比重、营业税额及其占国家总税收收入的比重。如此重的税负额按照两种不同的办法征税成本十分巨大，需要比单一（营业税和增值税合并）税制消耗更多的人力和物力资源。

另一方面，随着企业经营业务多样化和新经济形式不断涌现，新的商业模式层出不穷，税收征管面临新情况、新问题。例如，信息技术进步导致一些传统商品服务化，商品和服务的边界越发模糊，征税过程中难以清晰界定税种，适用增值税还是营业税的难题也就随之产生。又如，在现实经济活动中，商品和服务混合（捆绑）销售越来越多，形式五花八门，商品和服务比例难以准确划分也给营业税和增值税征收带来巨大挑战。

表1-2 1994—2012年我国增值税、营业税额及其占国家总税收收入比重

单位：亿元，%

年度	总税收	增值税	增值税	营业税	营业税
1994	5070.8	2338.6	0.4612	680.2	0.1341
1995	5973.7	2653.7	0.4442	869.4	0.1455
1996	7050.6	3024.1	0.4289	1065.4	0.1511
1997	8225.5	3343.8	0.4065	1353.4	0.1645
1998	9093	3729	0.4101	1608	0.1768

续表

年度	总税收	增值税	增值税	营业税	营业税
1999	10315	4000.9	0.3879	1696.5	0.1647
2000	12665.8	4667.5	0.3684	1885.7	0.1489
2001	15165.5	5452.5	0.3595	2084.7	0.1375
2002	16996.6	6275.4	0.3692	2467.6	0.1452
2003	20466.1	7341.4	0.3587	2868.9	0.1402
2004	2571.8	8930.1	0.3472	3583.5	0.1393
2005	30865.8	10698.3	0.3466	4231.42	0.1371
2006	37636.3	12894.6	0.3426	5128.89	0.1363
2007	49449.29	15609.91	0.3157	7180.45	0.1452
2008	57862.61	17996.9	0.311	7626.33	0.1406
2009	63104	18820	0.2982	9013.64	0.1428
2010	77390	21605.36	0.2791	11157.64	0.1442
2011	95729	24266.64	0.2535	13678.61	0.1429
2012	100600	26000	0.2584	15700	0.156

资料出处：国家税务总局网站

1.2.3 传统营业税制不利于扩大我国服务出口

出口适用零税率是国际通行的做法，但由于"营改增"以前我国服务业适用营业税，在出口时无法退税，导致出口服务含税。与其他对服务业课征增值税的国家相比，我国的服务出口由此易在国际竞争中处于劣势。因此，为改变服务业在出口业务中的不利局面，有必要从税制设计角度入手，引入增值税，同时废止对其增收营业税。

从国际税收实践来看，世界上多数国家都把服务纳入增值税征收范围，而非营业税。通过对220个国家和地区资料的调查研究，发现多达153个国家和地区开征增值税或类似性质的税种，有34个征收传统型销售税，还有33个国家和地区不征税。在征收增值税的国家中，90个国家和地区对货物和劳务全面征收增值税，仅巴西和印度不对劳务征收增值税。所以，即便为了与国际接轨，我国也应当将劳务纳入增值税的征收范围（龚辉文，2010）[①]。

1.2.4 传统营业税制不利于我国经济发展和产业转型升级的需要

建国初期，我国基本上还是个农业国。经过六十多年的发展，我国经济快速发展，并迅速完成了工业化，导致我国各种产业在国民经济中占比发生迅速而巨大的变化。总体趋势是，农业占比持续降低，第三产业占比持续走高。尽管第二产业占比变化不大，但是它与第三产业的力量对比发生了巨大变化，乃至到2012年第三产业在国民经济中占比首次超过第二产业，详细情况见图1-1。产业间力量对比的变化引起社会各界的充分关注，使得人们不得不重新审视与之相关的一系列问题，包括产业转型升级问题、经济结构调整问题和促进第三产业发展税收政策问题，等等。

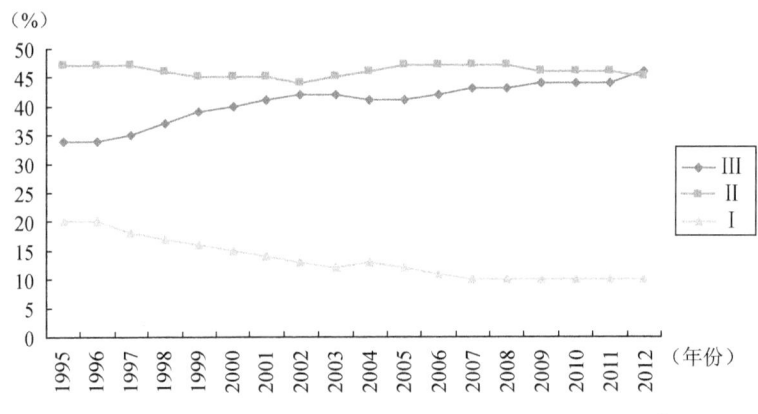

图 1-1 1995—2012 年我国产业占 GDP 比例变化趋势[②]

从我国第三产业传统流转税制看，1994年分税制改革到2012年"营改增"期间，我国流转税制处于分割状态，大体情况是对货物征收增值税，而对劳务征收营业税。由于服务业和第二产业的建筑业未纳入增值税征收范围，导致增值税的税收中性优势不能发挥，增值税的抵扣链条也被人为割断，我国大部分第三产业因此被排除在增值税的征税范围之外。营业税是对营业额全额征税，且无法抵扣，不可避免地会使企业为避免重复征税而倾向于"小而全"、"大

---

① 龚辉文. 关于增值税、营业税合并问题的思考[J]. 税务研究，2010（5）：41-43.
② 数据来源于《中国统计年鉴》。

而全"模式,导致这些企业的生产和投资决策扭曲。例如,由于企业外购服务所含营业税无法得到抵扣,基于降低税负考虑,它们企业更愿意自行提供所需服务而非外购服务,服务生产内部化便不可避免,因而阻碍了服务业的专业化分工和服务外包的发展。在以服务业为主的第三产业还处在弱势地位,而第二产业居于明显优势地位的条件下,营业税与增值税并立并因此引发的一些弊端还能为方方面面所容忍和承受。但是,随着我国第三产业的迅速壮大,营业税的高税负对我国服务业发展乃至整个经济发展产生的负面影响越来越大,并对我国产业格局调整带来巨大困难。受全球经济危机和我国经济增速放缓等因素的影响,我国急需转变经济增长方式,提高经济质量。我国要从依赖投资和出口,逐步转变为更多依靠国内外需求拉动经济增长,尤其要做到依靠扩大内需带动经济增长。在当前,发展服务业恰恰不仅能够扩大内需,有助于我国经济转型升级,还能解决严峻的就业困难。传统的营业税与增值税并存格局日益成为发展经济和转变经济增长方式的巨大障碍,必须对此加以改革。

1.3 "营改增"可行性分析

虽然传统营业税征税范围要比增值税征税范围小,但是由于行业属性差异大,难以套用传统增值税制,所以导致"营改增"难度大。以旅游业"营改增"为例,旅游业是最后一批实行"营改增"的行业之一。以往营业税制规定,对旅游业按营业收入全额的5%征收营业税,但允许扣除部分项目,实际按差额征缴营业税。以其取得的全部价款和价外费用扣除替旅游者支付给其他单位或者个人的住宿费、餐费、交通费、旅游景点门票和支付给其他接团旅游企业的旅游费后的余额为营业额。在旅游业处于微利经营状况下,旅游企业的实际税负较低。旅游业营业税的差额征税法本质上是按"毛利"征税,与一般企业营业税征收大不相同。所以,如果硬性套用一般企业"营改增"方法,势必造成旅游业"营改增"前后征税口径不一致;若旅游业仍然按照差额征收增值税,又造成"营改增"后旅游企业增值税征收方法与其他行业的不同。换言之,以往旅游业营业税征收的特殊性导致其"营改增"难度更大。

尽管面临种种困难和问题,但是综合各个方面的有利因素看,在旅游业实施"营改增"仍然具有可行性。

（1）国家和政府政策支持

2012年1月以来推行的"营改增"税收新政是我国国民经济转型升级和完善我国税制的重大战略布局中的一个环节（或方面），政府高度重视，周密谋篇布局，组织多方论证，政策推行的科学性、合理性不容置疑。经过改革开放四十多年的发展，我国积累了大量的财政资源，政府有能力承担"营改增"可能导致税收减收的成本，并郑重承诺确保"营改增"后税负只减不增，从而给营改增企业吃了"定心丸"。

（2）营业税与增值税在税制结构上的共性，同属流转税

首先，作为流转税最主要的两大税种，两者征税原理相同或相似，增值税针对商品流转额征税，营业税也是在商品或劳务的流转环节征税，由此可以认为，二者是相通的。其次，两种税种的立法原则一致，营业税与增值税都具有财政收入功能，都可作宏观调控手段，都可以通过市场机制发挥作用。增值税对销售货物或者提供加工、修理修配劳务以及进出口货物的行为征税，所筹集的财政收入非常可观，比如，"营改增"以前增值税在我国税收收入中占比几近达到40%。增值税实行差别税率并有多项税收优惠规定，作为税收工具用作宏观调控的空间很大。营业税也有多档税率和多项税收优惠政策，虽然在我国税收收入中占比没有增值税那样大，但是在我国税制结构中也有重要影响。

（3）完善的传统增值税制为"营改增"提供了可靠平台

1994年分税制改革以来，我国增值税制不断发展、调整。新方法、新技术在增值税税收征管中发挥越来越重要的作用。可以断言，我国增值税制日臻完美。对试点全面实行"营改增"，不是另起炉灶，另搞一套，而是探讨如何将成熟的增值税制运用于传统营业税征税范围与对象，就是要在研究相关行业特色的基础上把增值税制与这些行业紧密结合起来。

（4）先期试点分步推进实施"营改增"形成的宝贵经验

我国此次"营改增"采取的是审慎的态度，工作安排非常有序、科学，在时间和范围两个维度周密安排。2012年初，首先在上海市交通运输业和现代服务业实施"营改增"试点，当年底推行到其他8个省市。2013年在全国范围对上述两个行业开展试点。2014年再将铁路运输业、邮政服务业、电信业等纳入试点。在此过程中，各行业协会、各个企业和国家税务总局等方方面面不断发现新情况、不断搜集信息、不断建言献策，形成许多行之有效的好办法、好

建议。比如，少数企业"营改增"后税负不降反升，与最初预期差距很大，政府相关部门及时采取了补救措施。早期"营改增"试点形成的这些宝贵经验为2016年5月在全国全面铺开的"营改增"工作提供了极大支持，对后续行业"营改增"必将产生巨大的促进作用。

1.4 "营改增"研究意义

本课题研究具有如下理论价值和很强的现实意义：

①本课题开展时机恰当，适逢"营改增"政策推进中，具有很强的现实针对性，与国家大政方针同步而行。课题研究过程中发现了"营改增"过程中出现的种种问题，并有针对性地提出税制优化建议，充分发挥了理论指导作用。

②以往同类研究模型是"税收政策—微观企业绩效"，属于黑箱模型。本项目则构建了"税收政策—经济效率—微观企业绩效"研究模型，使宏观政策影响企业绩效机理更加明晰化，有利于加深"营改增"条件下对企业财务绩效本质的认识。

③建立完整的税务实证研究框架。此次"营改增"给税务研究提供了一个天然实验契机。我们可以观测到"营改增"前、中、后的各种情况，搜集到完备的"实验"数据；我们针对这些资料综合采用各种研究方法，如案例分析法、多元线性回归法、数据包络分析法等；建立了"税制改革论证－税制改革政策实施－税制改革经济后果－政策反思"研究模式。这些研究工作和成果既丰富了微观实证税务研究的文献，也形成了一个系统、完备的实证税务研究框架，在一定程度上为后续实证税务研究提供参考与借鉴。

第 2 章 增值税制的国际比较

现代意义上的增值税诞生有大约 100 年的历史了。早在 1917 年,美国学者亚当斯就提出了具有现代意义上的增值税设想,但是他并未对其进行冠名。4 年以后,德国学者西蒙士正式提出了增值税的名称。在增值税概念与相关理论提出以后的许多年里,它并没有很快为人们接受并被付诸实施。直到 1954 年法国才率先将其用于税收实践,并规定增值税征税环节在生产阶段,计税依据是对营业额全额课税并允许扣除购进项目已缴纳的税款,也就是按增值额征税。此后,增值税的优势逐步为世界上许多国家所认同,并陆续被用于税收实践。据统计,截至 2014 年年初,全世界共有 161 个国家和地区开征了增值税或货物劳务税(Alan Schenk),详细情况见本章附表 2-1。尽管这些国家都效仿法国征收增值税,但是有意思的是各国增值税制存在或大或小的差异,甚至这个税在不同的国家称谓也可能有所不同。日本人把增值税称作消费税,加拿大、新西兰、澳大利亚和新加坡称其为商品及服务税(Goods and Services Tax,GST),我国则名副其实地称之为增值税。由于现代增值税是一种销售税,具有累退性质,是基于商品或服务的增值而征税的一种间接税,且具有税负中性,因此,该税的这一点深受一些国家或地区的青睐并广泛予以实施。目前,增值税在世界上许多国家的税收收入中占据十分重要的地位。比如,增值税的鼻祖法国,该国政府财政收入的 45% 来自增值税。尽管我国实行的是流转税与所得税双主体税制,但是增值税占比更大。"营改增"以前,增值税收入占我国政府全部税收收入 40% 左右,当时已经当之无愧地成为我国最大的税种。由于我国实行的分税制,增值税的税权需要在国家与地方之间进行分成,目前大致情况是:虽然增值税由国家税务局负责征收,但是该税收收入中 50% 划归中央财政收入,而另外的一半则划归地方财政收入。至于进口环节的增值税则由海关负责征收,其税收收入全部归属于中央财政收入。鉴于世界各国增值税制存在差异,且各有利弊,在实施"营改增"税收改革政策的过程中,乃至税改政策落定以后,我们应当梳理世界各国增值税实践经验,为税改乃至后续增值税制的优化提供有益的借鉴。基于地缘因素与增值税的国际影响,下面在概括介绍一些亚洲国家和地区,以及世界上一些发达国家增值税制及其实践的基础上对其进行简要评述,并指出可供我国增值税制改革或完善之处。

2.1 亚洲若干国家或地区的增值税制及其税收实践描述

(1) 我国台湾省增值税制与税收实践概述

通常认为,我国台湾省与日本、美国一样,征收的是销售税,而不是增值税。事实上,他们实行的所谓销售税除了存在重复征收(类似于营业税)以外,与增值税没有其他重大区别。鉴于此,这里也将台湾省增值税(权且如此称谓,在当地也称营业税)作简要介绍。

台湾省增值税征收范围十分广大,几乎所有货物和劳务都已纳入增值税征收范围。不征收增值税的货物和劳务十分有限,它们隶属于增值税免税范围,当地税法将其一一列举出来。这些免税项目主要包括:农田灌溉用水、销售的土地、文教科卫与新闻出版及金融保险等行业的部分劳务。我国台湾省增值税具有征税范围广、税制结构简单、税率低(统一税率5%)与征管方便等特点。

(2) 韩国增值税制与税收实践概述

1977年开始征收消费型增值税。韩国增值税的征收办法类似于现今我国增值税。首先,他们将增值税分为一般纳税和简化纳税(包括特别纳税)。韩国的一般纳税与我国一般纳税人类同,其简化纳税(特别纳税)征税对象是个体经营者,并且按照流转额征收,与我国小规模纳税人类同;不论何种纳税人统一适用10%的单一税率。其次,韩国增值税征管方式比较先进,很早就建立了完善的纳税登记制度,并充分使用计算机。

(3) 新加坡增值税制[①]与税收实践概述

相对于我国而言,新加坡税收体系不是那么复杂。新加坡现行税种主要有:消费税、个人所得税、企业所得税、印花税、不动产税、车船税和劳工税等。新加坡的消费税也称为货物和劳务税(Goods and Services Tax),是对

---

① 黄晓虹,李顺明,邓文勇.新加坡税收制度简介与借鉴[J].税务研究,2008(11):48-52.

所有在新提供货物和劳务服务及进口货物征收的一种税，相当于增值税（下文也称"增值税"），其税负也能层层转嫁，并由最终的消费者负担。在新加坡，从事提供货物和劳务服务并且年营业额在100万新元以上的纳税人，必须进行货物和劳务税的纳税登记。新加坡货物和劳务税实行差额征税法，即纳税人的应纳税额为销项税额减去购进货物或服务支付的进项税额后的差额乘以适用税率。2007年7月1日，新加坡对增值税政策进行了一次调整：增值税的税率调整为7%，房产的销售和出租以及大部分金融服务征增值税，并对出口货物和服务实行零税率。

（4）泰国增值税制与税收实践概述

迄今为止，泰国不仅征收增值税，而且征收特别营业税。泰国增值税法规定，任何在泰国销售应税货物或提供应税劳务且年营业额超过120万泰铢的单位或个人，都应缴纳增值税，其普通税率为7%。无论是否在泰国登记，进口商都应缴纳增值税，并由泰国海关厅在货物进口时代征。泰国增值税法也有免征增值税方面情况的规定，比如：年营业额小于、等于120万泰铢的小企业；销售或进口杂志、报纸及教科书；销售或进口未加工的农产品、牲畜以及农用原料（如化肥、种子及其他化学品）等；法律服务、审计、健康服务及其他专业服务；文化与宗教服务等免征增值税。实行零税率的货物或应税劳务包括出口货物、国际运输航空器或船舶、泰国提供的但用于国外的劳务、向联合国机构或外交机构提供的货物或劳务、援外项目项下政府机构或国企提供的货物或劳务、保税库或出口加工区之间提供的货物或劳务。当每个月的进项税大于销项税时，纳税人可以向相关部门申请退税，于下月抵税或返还现金。适用零税率的货物，其纳税人可一直享受退税待遇。虽然与招待费有关的进项税不得抵扣，但是它可征收企业所得税前扣除。

（5）日本增值税制与税收实践描述

在日本，销售增值税（或称消费税）征税对象是指商品或劳务的增值额。纳税人包括进行商品交易或提供劳务的所有自然人和法人。日本销售增值税的征税范围十分广泛，几乎包括所有商品交易和劳务。日本销售增值税的计税依据是纳税人的总销货额与总进货额的差额。所以，日本的销售增值税名义上是消费税，本质上看它是增值税，该税于1989年4月初起开征。1997年4月起日本对销售增值税制进行了调整，具体情况如下：

①对销售增值税率进行了调整。日本销售增值税实行的是单一比例税率，

调整之前其边际税率是 3%，1997 年 4 月 1 日起将该税率调高，达到 5%。之所以一次将销售增值税税率调高两个百分点，是考虑到中央政府和地方政府收入的分配，一半归中央政府，另一半则划归地方政府。在日本国内销售货物、提供劳务或进口产品需要按照 5% 的比率税率缴纳销售增值税，产品出口则适用零税率。在税收征管过程中，日本政府对中小经营者实行区别对待，他们可选用简易课税法：销售货物（批发）按固定税率 0.3% 征收，提供劳务则适用 1.2% 较高税率。日本销售增值税也包含税收优惠条款，日本税法对某些特殊商品交易和提供劳务行为作出免税规定，比如土地转让、公司信用债券、社会保险业务、劳保医疗、公债券、通货、租赁业、国际运输、出口邮票发票和商品等业务均适用免税优惠政策。

②对中小经营者销售增值税的起征点进行了重新规定。从 2004 年 4 月 1 日起，中小经营者将适用新的销售增值税特别措施：调高中小经营者起征点制度的适用上限，原来中小经营者起征点销售额为 1 000 万日元，新税法将其降低为 7 000 万日元。该调整使得适用中小经营者销售增值税特别措施的纳税人（商店等）数骤降，诸如烟店、个体出租车行业、外出务工农户等成为销售增值税免税对象。

③对简易征税制度进行修改。调低简易征税制度的适用上限，原来该数字为 2 亿日元销售额，此后调低至 5 000 万日元。这一变化使得适用简易征税制度的纳税人增加了约 22%。日本销售增值税被看作是一种过渡性的制度安排，它将因销售增值税制的逐步完善、运行体制逐步健全，而逐渐淡出。但是，在此次销售增值税制调整期间保留并完善它主要是基于现实需要角度考量：在新增纳税人数量较多时，税务部门工作负担猛增，将对正常的税收管理工作造成大大伤害，此次稳妥的做法不是即时取消简易征税制度，而是调低销售增值税征税起征点。

④提高纳税人自主申报纳税频率。此前，纳税人可以根据自身实际情况，在税务部门规定的征税期限内，自主选择申报纳税次数。比如，一年纳税申报次数为 1 次、2 次或是 4 次。增加申报纳税次数主要基于两点考虑：其一是考虑销售增值税具有预支的特性；其二是考虑到纳税人的负担。比如，日本销售所得税法规定每年应纳税额超过 6 000 万日元（包括地方销售增值税）的纳税人，必须按月到税务部门申报，全年一共 12 次，意味着平均每月申报纳税一次。

⑤销售增值税法规定销售价格和销售增值税分离必须分项列示。日本过去的做法是，商品所标出的是商品的不含税价格，这次税制修改，规定经营者之间可以采取以前的做法，即可以只标出商品的不含税价格。但是，基于提高销售增值税的透明度和取得国民的信赖与支持的考虑，要求企业面向普通消费者销售的商品必须标出商品的含税价格。

2.2 世界若干发达国家或地区的增值税制及其税收实践描述

（1）法国增值税制与税收实践描述

由于增值税发轫于法兰西，所以本章对法国增值税制作比较详细的论述。整体上看，法国增值税制形成经历过三个重要阶段：一是初始实施阶段，即由营业税改征增值税阶段，这个阶段最大的特点是上一环节所缴税款允许扣除，类似于进项税抵扣。但是，这种抵扣并不包括所有项目，比如投资性支出所含进项税不能扣除。二是初次改进阶段，1954年法国政府批准投资性支出所缴税款予以扣除，标志着其增值税制正式形成。三是后续完善阶段，随后法国政府（1966—1978年期间）又陆续发布了一系列增值税改进方案，尤其是不断扩大增值税征收范围，直至形成现行增值税模式。在此过程中，有几点应当突出介绍：

①不断扩大增值税征收范围。实施增值税的起始阶段，法国只对制造业生产和商品批发环节征收增值税；随着增值税征收经验的积累与扩大税源地的需要，1966年法国政府将商品零售业和农业纳入增值税征收范围；进一步地，1978年自由职业者也成为增值税纳税义务人。所以，如今法国增值税征收范围很广，其境内几乎所有有偿提供产品生产和服务的经营活动都必须缴纳增值税（包括农业、商业、工业、服务业和自由职业者等）。

②调低税率并实行差别税率。2003年，法国将一般商品和服务增值税的税率调低到19.6%（原先的标准税率高达20.6%，对生活必需品如饮料、书籍、食品、客运等按5.5%低税率征收（性质上类似于我们小规模纳税人的征收率）。此外，对特殊交易行为按特殊税率征收，且税率动态变动。当然，法

国也鼓励出口,对出口的商品和劳务适用零税率。但是,即便如此,法国税法并未将其列入税率档次表之中。

③调整进项税计算方法。2008年,法国对增值税进项税计算方法进行了调整,放弃过去使用的定额扣除法,转而按照费用配比法抵扣进项税。根据费用配比计算的进项税额取决于增值税可靠性因素(与增值税应税劳务或商品的使用成比例)、许可系数和增值税税制(与商品或劳务可扣除进项税有关)。

④改变增值税超缴税款的处理方法。1972年前后,法国增值税超缴税款处理方法显著不同:1972年以前,纳税人已交增值税总额超过其应交增值税总额的部分,不予退税,只能永续结转;1972年以后,法国政府部门修改了增值税税法,超缴税款允许递延至下月抵扣,同时规定按季或按年退税。

(2)德国增值税制与税收实践描述

二战以后相当长时间内德国一直实行"阶梯式"销售税。1968年初起,德国开始施行增值税。时至今日,经过长达50年不断总结、探索与改进,德国增值税制臻于完善。不仅如此,增值税在德国税制结构中占据举足轻重的地位,是仅次于个人所得税的第二大税种。

在德国增值税制改革与完善过程中,有三个方面值得充分关注:

①计税依据的修改。1970年以前德国增值税的计税依据是销售额,此后根据征税对象的价格来计征增值税。

②德国增值税税率的两次大调整。从1998年4月1日起,一般征税对象适用16%的增值税率,农林产品、食品、书籍及饮料等等适用7%的低税率,与农业关联的收入也适用低税率,对于部分特定的农林产品则免征增值税。2007年德国增值税率又大调整一次,增值税标准税率调高到19%,而金融、保险、医疗、不动产交易和长期租赁活动免缴增值税。同时规定特殊事项适用税率,比如:如果一个企业既涉及免税交易,又涉及非免税交易,进项税必须分开计算,否则按全额计征增值税。

③德国税制结构的调整。德国增值税为联邦与州共享税,从1998年起为补偿地方废除工商资本税损失,划拨2.08%给地方政府,包括市镇也参与增值税的分配。而联邦政府与州政府则以52.01%和45.91%的比例进行分配。其中,州政府将分享份额的3/4按各个州的居民人口分配,剩余的1/4用来进行财政平衡,称之为增值税预先平衡。德国增值税预先平衡相当于92%人均

税收水平的平衡，也就是说人均税收低于全国平均水平 92% 的州可以从这些属于所有州级政府的增值税（即州分享数额的 1/4）里取得一部分收入，即他们的人均税收与 92% 人均税水平之差额。

（3）意大利增值税制与税收实践描述

1997 年起，意大利连续开展了增值税制改革。此番税制改革主要基于两个方面考虑：第一，适应欧洲一体化进程。此前意大利增值税制与欧盟有较大差异，为兑现入欧承诺与便于同欧盟其他成员经济交往，必须对国内增值税制进行必要的调整。第二，意大利国内增值税制流弊甚多。当时意大利国内存在税负重、纳税程序烦琐、税种多与偷漏税严重等问题，即便从其完善税制、发展经济角度考虑，也应当采取有力措施革除种种流弊。为此，他们采取如下五个主要政策措施：

①调整增值税优惠政策。重新制定出版、演出、农业和旅游等特殊行业的减税政策。比如，原先增值税法规定所有享受税收优惠的农产品均不征收增值税，改革后调整为对农产品出售征收增值税，但适用低税率。又如，关于增值税进项税的抵扣，新税法规定将来与纳税人经营无关业务的进项税额不予扣除。

②对增值税税率进行简并。改革前，意大利增值税纳税人面临四档税率，改革后则精简为三档，即 4%、10% 和 20%。其中，20% 档边际税率为基础税率，它适用于大多数商品，如服装、烟、酒、鞋帽等；10% 档税率主要适用于米、面、鸡蛋、糖、肉类、药品和餐饮业等；生活必需品、农产品、电话和电视等则适用 4% 的边际税率。特别指出，国内销售意大利面包、牛奶和农产品等生活必需品适用 4% 的低税率，而出口这些货物实行零税率。

③统一申报，分期缴纳。改革以前，意大利的直接税、间接税和养老社会福利基金需逐个申报，申报表由纳税人通过邮局或所居住的市镇政府交到税务机关。改革以后，各税种可在一张表上统一申报，每项税的余额或差额可以相互抵冲。纳税人既可以将纳税申报表送交银行或邮局，也可以交给税务中介，比如会计师事务所、税务代理行，收到纳税委托代理后这些受托者需给纳税人开具一张收据，再负责将他们的纳税申报表交给税务机关。此外，纳税人还可通过电脑联网申报纳税。意大利纳税人缴付税款的方式灵活多样，包括现金支付、现金支票、银行磁卡、现金信用卡和自动服务窗口，等等。

1997年税制改革，意大利政府将缴税时间统一定为每月15日，年度申报的预缴和结算分别定在5月31日和11月30日，这些税改措施不仅方便了纳税人，大大减少了他们缴纳税款的次数，而且提高了纳税人缴纳税款的积极性。关于申请退税的期限，无论同意退税与否，意大利政府规定在收到退税申请后三个月内给予回复。

④颁布税收处罚新政。以往意大利对违反税法行为实行两种经济处罚方式，即税上加税和罚款。改革以后经济处罚措施简并为单一罚款，并对严重的违法行为处以刑事处罚。对轻微违法行为实行自我纠错鼓励机制，立即缴纳罚款的可免除1/4的罚款和临时处罚；鼓励纳税人自查，纳税人可以主动邀请税务机关对其纳税情况进行检查，查出应补的税款后，只补缴税款而不按偷漏税处理。

⑤对税务机构实行精兵简政。过去分署办公，分散独立设置"增值税税处"、"直接税税收处"和"税务登记处"，等等；税收改革以后这些机构合并为统一的"税务办公室"。此外，意大利全国制定统一的税务核查办法，并由财政部设立"现代会计"海外视窗，统一设置税务咨询中心，以便提高税收政策的透明度。

（4）加拿大增值税制[①]与税收实践详述

加拿大现行的主要税种包括：公司所得税及附加税、个人所得税及附加税、销售税、关税、货物劳务税（增值税）、资本税、特别倾销税、矿产税、社会保障税、财产和土地税，等等。其税制中，直接税占主导地位，全国实行联邦、省（或属地）和地方三级征税体制。加拿大联邦政府以个人所得税为主，其次是货物劳务税和社会保障税；省级政府以个人所得税和货物劳务税为主，社会保障税为辅；其他地方政府税则以财产税为主。

加拿大联邦政府征收的货物劳务税本质上就是增值税，在生产环节以及从批发到零售各个销售环节征收，只有少数例外。该税适用于大多数货物、劳务以及不动产交易。加拿大货物劳务税（增值税）大致情况如下：

①加拿大货物劳务税纳税人。在加拿大境内从事的商业活动中销售货物、提供劳务或进行不动产交易的法人和自然人（Person），均是货物劳务税的纳税人，他们必须依法在加拿大进行货物劳务税纳税登记。

---

① 查弦.加拿大税收征管对我国的借鉴[J].研究生论文，2013（7）.

加拿大货物劳务税的特点非常鲜明：首先，纳税人概念非常广泛，这一点与其所得税关于纳税人的规定明显不同。货物劳务税还把合伙企业与合伙人分离开来，把合伙企业视为实体。其次，货物劳务税的纳税人范围极广，包括公司、个人、信托、社团、联盟、俱乐部、具有一定政治权力的政治组织或社会组织（Estate）、协会以及其他组织。即使这些实体是非公司组织，按照货物劳务税的规定它们也将被视为独立的法人。

当然，加拿大税法关于纳税人的规定也有例外情况，其中有三类纳税人可以不进行货物劳务税纳税登记：第一，在其境内不进行任何经营活动的非加拿大居民。第二，纳税人从事的商业活动仅仅是销售不动产，而且不是在经营过程中进行不动产销售。第三，小规模纳税人并非必须进行货物劳务税纳税登记，但是小规模纳税人也可以自愿选择进行货物劳务税纳税登记。加拿大货物劳务税关于小规模纳税人的大致定义是，来源于全世界的年应税金额不超过 30 000 加元的纳税人，其应税金额不包括免税销售额，或者出售商业信誉或经营使用的资本财产的销售额，仅包括适用于零税率的销售额。

加拿大货物劳务税（增值税）关于居民纳税人的规定很有意思：通过设立在加拿大境内的常设机构进行经营活动的非居民，在进行货物劳务经营活动时被视为加拿大的居民。换言之，他们从事的货物劳务经营活动适用加拿大货物劳务税的一般规定，并必须在加拿大缴纳货物劳务税。虽然在加拿大境内没有设立常设机构，但是有货物劳务经营活动的非居民也要按照特殊的规定进行货物劳务税纳税登记。这些非居民包括三类：第一类是通过信使送达方式或邮寄方式向居住在加拿大的消费者销售出版物的非居民。第二类是在加拿大境内举行研讨会、竞赛、娱乐活动或其他活动而发生货物劳务税应税行为的非居民。税法规定，即使其货物劳务税应税金额没有超过 30 000 加元，这些非居民也必须在其应税行为发生之前进行货物劳务税纳税登记。当然，这里有些例外情况，比如在加拿大举行外国会议的非居民主办者，如果他们有理由推断加拿大与会代表不超过 25%，那么他们就无须进行货物劳务税纳税登记。第三类是在加拿大进行经营活动的过程中发生了货物劳务税应税销售行为的非居民。比如：通过信使送达方式或邮寄方式向加拿大境内某一地址的购买人销售报纸、期刊、书籍和杂志的非居民，如果他们在任何一个特定的公历季度或任何四个连续的公历季度，其来自全球的应税销售额超过 30 000 加元，就必须认定其为货物劳务税纳税人。他们必须自加拿大货物劳务税应税销售行为发生的第 1 天算起的 30 天之内进行货物劳务税纳税登记，并在货物劳务税应税销售行为发生时向其货物劳务购买者代收货物劳务税。

值得注意的是，上文所谓在加拿大境内从事商业活动是指具有贸易性质的经营或投机活动，但是不包括规定免税的经营或贸易活动。此外，商业活动还包括就加拿大境内不动产进行的不免税交易活动。

②加拿大货物劳务税征税对象与税率。2006 年加拿大对货物劳务税进行了改革，规定从该年的 7 月 1 日起，货物劳务税的一般税率是 6%。此外，遵循税式支出理论，还规定了适用零税率与免税货物与劳务项目。

首先，2006 年改革以后的加拿大可以享受货物劳务税免税的项目主要有：出售旧住宅（包括旧的公寓中心）；住宅出租；个人以及信托出售某些非商用土地，且受益者为个人；大部分医疗和牙医服务（包括医院和疗养院提供的服务）；大部分教育服务；儿童日托服务；法律援助服务（指在金融援助项目下提供的法律服务）；国内金融服务（包括出售公司股份）；桥梁、道路和渡口通行费（起点站和终点站在加拿大境外的摆渡服务适用零税率）；注册的慈善组织、市政当局、政府以及其他公共部门团体提供的大部分物品（所提供的物品与公共部门存在竞争的除外），等等。

其次，加拿大的下列货物和劳务适用零税率：基本的食品杂货、大部分国际运输服务、某些处方药、出口金融服务、某些医疗设备、出口货物、某些农业和渔业产品以及为省政府以及省政府机构提供的物品。

最近几年，加拿大政府还有意降低货物劳务税的一般税率，拟由 6% 降到 5%。但是，至今该降税计划还没有提上议事日程。

值得一提的是，美国至今没有开征增值税，是 OECD（经济合作与发展组织）中唯一未实行增值税的国家。一般认为，其主要原因有三个：第一，理论上增值税具有税负中性、税负可完全转嫁和有利于促进微观主体投资等优势，然而现实中增值税实践远远达不到这种理想状态，因而实际中的增值税制有缺陷，由此增加了美国政府的顾虑；第二，美国流转税在零售环节征收，属于零售销售税，不利于开征增值税；第三，美国以直接税为主体，强调对所得税的征收。

2.3 国外增值税制及其变迁的若干特点分析

综上所述，法、德、意、加拿大、日本及其他亚洲国家或地区的增值税变迁无不体现出如下四个方面的特点：

（1）广泛的征税范围

上述四个国家实质上都认为实行增值税的范围越广越好。因为增值税具有税负中性的特点，能够更好地体现税负公平，而提高公平度更好的办法是将更多行业包含进来。事实上各国税收实践无不体现这一点，他们的做法基本相同，都是逐步扩大增值税征税范围，继而渐渐地对几乎所有的货物和劳务征收增值税，各国甚至从有选择地征收增值税转向全面征收增值税，并且不论城乡差别如何，一律征收。

（2）增值税制改革的方向是实行消费型增值税

由于消费型增值税具有有利于鼓励投资、促进产业结构调整和技术升级等优势，所以世界各国不论其施行增值税制是早还是晚，都优先考虑选择消费型增值税，并希望增值税成为其财政收入的最主要来源，以凸显该税种的重要性。此外，在增值税设计过程中应当慎用税式支出原理，慎用税收优惠，以免造成许多商品被免征增值税或面临过低边际税率。大量国内外实证研究均表明，过多税收优惠、多档税率和较高边际税率等不仅造成税收效率损失，无法实现增值税制目标，而且给增值税税收征管造成大量困难与障碍。所以，许多专家学者甚至业内人士均建言增值税应实行单一税率，充其量最多适用两个税率。据不完全统计，世界各国大多采用单一税率，并且税率相对较低。

（3）增值税税率呈现国际趋同势头

那些增值税边际税率偏低的国家在提高税率，而边际税率相对高的国家则在降低税率。值得注意的是，提高增值税税率的国家相对保守，在税率提高幅度问题上慎之又慎，一般不会贸然大幅度提高增值税边际税率。比如日本和德国，日本曾经将增值税边际税率从3%提高到5%，德国也曾将增值税边际税率提高三个百分点，即由16%提高到19%。

（4）力求使纳税人义务相当和纳税成本最小

与不承担税负相比，依法纳税直接后果是纳税人综合运营成本增加，会给公司带来负效用。主要原因有三个：首先，纳税导致公司总成本增长（发生税负成本），在收入不变的情况下，它将导致纳税人盈利减少。其次，税收遵从成本增加。为了照章纳税，纳税人必须进行税务登记，建立税收档案，接受税务检查，精确计算各项代缴税费，以及按期清缴缴税，等等，这些纳税遵从工作的开展无不消耗公司宝贵的财力、物力和人力，因而导致公司成本增加。最后，政府税收征管成本增加。根据税负公平理论，纳税人感受不到税负公平，尤其是感觉自己与相同境况的纳税人相比遭受了更重的课税，这可能激发他们以偷逃税款等不合法手段逃避税收责任的动机。一旦他们的行为得逞，本由其负担的税负将转移给那些依法遵守税法的纳税人。可见，政府与纳税人之间存在博弈，坏的博弈结果是纳税人纳税意识的普遍下降，进而导致政府税收征管成本会螺旋式上升。为了避免此类不良后果的发生，世界上许多国家政府在建立和实施税制（含增值税制）时都尽可能搞好税负公平以便降低纳税人的执行成本和政府的税收征管成本。

（5）增值税制设置原则是透明化和简化

各国在增值税税制设计、改革和立法等活动中必须充分听取社会各个方面和社会公众的意见并及时对公众公而告之。增值税制设计透明化不仅可以增强其权威性和统一性，教育纳税人自觉纳税，还有利于纳税人对增值税制形成稳定而合理的税负预期，进而有利于其进行科学、合理的税收筹划。

税制设计简化意味着尽可能安排较少的税率等级，意味着税收征管制度要规范、简单与统一，其利有二：第一，它便于税务机关的征收管理和减少纳税人的相机决策空间，降低交易费用；第二，它能有效地防止偷税、人情税、过头税、漏税等违法现象的发生。

2.4 国外增值税制对我国增值税改革的启示

自 2009 年 1 月 1 日起，我国曾经在全国范围内实施增值税转型改革，即将"生产型增值税"改革为"消费型增值税"。这次流转税改革还仅限于增值税范围以内，并没有触及其他税种。或者说，改革后我国流转税制仍然是增值税、营业税和消费税并存，甚至连真正意义上的"消费型增值税"都说不上。所以，增值税转型只是对我国流转税制进行的微调，与国际通行做法尚有很大差距，表明我国增值税制度乃至流转税制度还有进一步改革和完善的空间和必要性。所以，基于国内增值税转型政策与当时国内增值税现状，国际增值税制发展历程给我们的启示主要有如下五个方面：

（1）拓宽增值税的征税范围

一段时间以来，我国增值税与营业税并存，导致增值税的征税范围过窄，应逐步将营业税合并并归于增值税范围之内。循序渐进的路径可以是先将部分行业（比如交通运输业和服务行业）和与生产、销售联系密切的行业纳入增值税的征收范围，再逐步将增值税扩大到农林牧业、采矿业、制造业、建筑业、能源交通业、商业及建筑安装业等各个行业，其主要目的是避免抵扣链条的中断。根据我国税制现状，增值税是中央和地方共享税，而营业税是中央税。扩大增值税征收范围甚至将营业税并入增值税，会使增值税收入增加，而营业税收入减少。其财政后果是，它将导致地方税收收入降低，而中央财政收入会进一步增加。为维护我国税收体制的延续性和稳定性，流转税制改革必须有配套政策措施，也就是需要在中央与地方之间重新分配税收收入，保证中央与地方财政收入处于基本均衡状态。当然，由于税收改革影响不仅波及政府，还有微观主体，会有千千万万的企业受到影响。有些企业会因此增加税负，而有些企业可能会减轻税负，会造成企业间苦乐不均。所以，仅从企业来看，也要有配套政策措施。总而言之，从国际增值税制演变趋势来看，我国也要极大地拓宽增值税征收范围，乃至将营业税并入增值税。与此同时，要采取相关配套政策措施，实现税制的平稳转变，尤其是要确保中央和地方财政收入均衡。

（2）扩大抵扣范围，全面实行消费型增值税

理论上，消费型增值税只是对最终消费品征税。为此。必须做到如下三点：第一，税基中不包括所有中间品、资本品的价值，必须全额予以扣除。即便从2009年初起开始实施的增值税转型，也仅仅允许设备等固定资产进入进项税，并可予以抵扣。但是，当时仍不允许扣除基建投资费用，房屋、建筑物等不动产仍未纳入增值税抵扣范围。在现实经济活动中，房屋、建筑物等不动产在企业的总资产中占有相当大比例，在其生产经营活动中占有重要地位，在其经营成本中也占据很大比重。如若希望刺激企业扩大生产规模，降低生产成本，一个重要举措就是允许其中的增值税也能予以抵扣。所以，无论从税收的国际比较还是从刺激投资、扩大内需的宏观层面看，应当在扩大增值税征收范围的同时，也应当实行真正意义上的消费型增值税，完善增

值税抵扣链条，将房屋、建筑物等不动产列入抵扣范围。第二，正确认识进口增值税和出口退税。所谓的对中国人消费的应税项目征收增值税，不仅包括国内生产的应税项目，还应包括进口品征税。与此同时，对出口品（外国人消费的物品）还应退税，因为出口以后外国将对其征收增值税。这种征税规则不仅符合所谓的政府鼓励出口"优惠政策"，也是全球130多个征收增值税的国家奉行的国际通行增值税征收惯例。第三，事实上，人工成本也是中间投入品，在我国增值税抵扣项目中不含它。对于制造业而言，人工成本相对偏低，抵扣项目不含人工成本对这些企业税负的影响不是特别巨大。但是，对于现代服务业而言，人工成本占据营业成本比重较高。若对这种行业征收增值税，而不允许抵扣人工成本，那么在与制造业相同征税规则下，其实际增值税税负将远远大于制造业。所以，我国增值税的抵扣方法不足以实现所谓的真正意义上的消费型增值税。鉴于此，我国增值税改革至少面临如下几个方面的问题：一是拓宽增值税征收范围；二是完善抵扣链条，真正实现增值税的税负中性；三是做好国际税收协调，从国内增值税与进出口等全范围考量与处置增值税税制设计与实施。

（3）正确运用税式支出理论，处理好小规模纳税人的税收优惠，实现各种纳税人之间的税负公平

一直以来，我国的增值税税收征管按照纳税人年销售额的大小和会计核算水平两个标准将增值税的纳税人分为一般纳税人和小规模纳税人。一般纳税人符合法定的资质，可以领用增值税专用发票，并按国际上通用的发票扣税法实行进项税额抵扣。这种征收方法比较接近按实际增值额计算缴纳税款，与所谓的税负中性比较接近。然而，小规模纳税人由于不符合一般纳税人认定条件因而不能遵循一般纳税人征税方法，他们不能开具增值税专用发票，采购进项税不能抵扣而只能计入经营成本，并按销售额笼统计算增值税。严格地说，小规模纳税人只有缴纳增值税之名，而无其实。所以，一定程度上可以认为这是一种典型的针对小规模纳税人的增值税税收政策歧视。换一个角度来看，也有观点认为对小规模纳税人按征收率3%征税，既帮助小规模纳税人规避了按一般纳税人标准缴税可能遇到的困难，也有利于缩小增值税一般纳税人和小规模纳税人之间税负的差距，是对小规模纳税人的一种照顾。事实上，在特定条件下，选择小规模纳税人还是一般纳税人对企业有利关键看其增值率，不能简单地说小规模纳税人与一般纳税人的增值税负孰轻孰重。

当然，各国税制具有多种功能，不能仅仅看微观主体税负的轻重，还要看政府税制宏观调控功能。所以，现实经济生活中，各国都有各种各样的税收优惠政策，税式支出理论便应运而生。为了培育微观市场主体，促进小规模纳税人生产经营的快速发展，政府往往采取各种切实措施，以减轻小规模纳税人税收负担。比如：适当放宽开具增值税专用发票的限制，对小规模纳税人在生产经营上需开具增值税专用发票的，可允许其委托他人代开并可予以抵扣的专票，实行与一般纳税人类似的抵扣政策。再如：提高增值税起征点，使经营规模很小、营业额很少、增值率很低的无利或微利经营者不必缴纳增值税。

（4）学习宣传税收根据理论，增强纳税人纳税意识

建立和完善增值税制，除了在税收立法上做文章（具体而言，就是要按照国际标准和税收理论建立和完善增值税制），还要加强税法的可执行性，做到有良法可依、有了良法必依。为此，一要加强税收征管力度，完善税收征管政策措施；二要提高纳税人自主纳税意识。在这方面，各级政府可做的工作很多。比如：加大税收立法的宣传，增强公众对政府和税收的认同感，增加政府预算的民主性和透明度。税收法规和政策措施的制定，必须通过征询各界意见、举办相关听证会等多种形式广泛听取纳税人和社会各界的意见，提高税收政策法规的公众参与度与质量，以减少税收政策法规实施过程中可能遇到的阻力。此外，税收作为财政收入的最主要来源，其用途深为纳税人关注，而科学、合理而透明的预算是纳税人审视税款使用的最好视窗。从完善和提高国家治理水平的角度来看，各级政府的财政预算从编制到执行整个过程必须遵循科学性、民主性和透明度原则。政府除了务必使人民相信每一笔税款都被用于必要的财政支出，都被用于各种社会公共服务和惠民工程，还有义务让每个纳税人知道自己缴纳的税款用到了何处。总而言之，政府务必做到作为财政支柱的税款确实用在了"刀刃上"，实现了税款"取之于民，用之于民"的庄严承诺。此外，由于我国各级政府除了承担管理国家和社会公共事务的职责以外，还承担了相当多的经济活动，为完善国家治理和建立规范的社会主义市场经济体制，各级政府应当从竞争性领域退出来，重新定位和划定应有的职责范围，适时转变职能，更多地管理国家和社会公共事务，使人民实实在在感受到改革开放的成果惠及每个人。果真如此，人民对政府征税的理解将逐步加深，纳税意识将空前提高，那么包括增值税在内的我国

税制改革将能顺利、平稳进行。

（5）学习国际先进经验，提高税收征管效率

尽管世界各国税制和税收征管各不相同，国情也存在差别，但是，各国之间仍有相互借鉴、相互学习之处。表2-1列举了世界各国增值税制的相关情况。我们可以采用拿来主义，充分吸收国外一切好的并能为"我"所用的好方法、好措施。比如，意大利通过合并和整合税务机构，使税收征管工作实现规模经济效应。我国税收征管现实情况则是，税务部门、海关和财政部门都是征税单位，国家税务系统和地方税务系统分设，立法权分散导致中央政府和地方政府都可出台税收政策法规，等等。这些现状导致全国税收征管工作出现许多乱象，一种人所共知的情况是，当税收征管权力分散到各个政府部门时，他们不是充分考虑到要通过协作和整合的方式方法使征税工作实现规模效益，而是每个人、每个部门都把本位利益放在优先的地位。这种无序状况的直接后果是，既使我国征税系统的税款征收成本明显增加，同时通过传导机制间接增加了纳税人的税收负担。诚然，分税制给我国税制和税收征管工作带来许多有益的东西，曾经促进了我国税制的发展，但是，它也存在致使征税主体职能重复交叉弊端，增加了征税成本，降低了税收工作的经济效率。社会上出现如此言论也就不足为怪了：现行税收体制不是所谓的"分税制"而是"分钱制"。所以，绝对不能关起门来搞税制改革，绝对不能只改税收实体法，还要借鉴国际先进经验和改善税收征管工作。是时候进一步考虑两套税务机构的完美协作甚至合并问题了。政府改革的方向是，重新定位国家税制、优化税收征管流程和合理组建各级征税机构；改革目标则是完善税收治理模式、建立起科学高效的税务体系、提高税收征管效率，实现税收征缴主体之间、各级征税机构之间和财政收支之间的平衡，真正意义上实现税收取之于民，用之于民。

表2-1　世界各个国家/地区增值税开征时间与税率统计

序号	国家或地区	时间	税率	序号	国家或地区	时间	税率
1	阿尔巴尼亚	1996	20.00%	82	黎巴嫩	2002	10.00%
2	阿尔及利亚	1992	17.00%	83	莱索托	2003	14.00%
3	安道尔		4.50%	84	列支敦士登		8.00%
4	安哥拉		10.00%	85	立陶宛	1992	21.00%

续表

序号	国家或地区	时间	税率	序号	国家或地区	时间	税率
5	安提瓜和巴布达	2006	15.00%	86	卢森堡	1970	15.00%
6	阿根廷	1975	21.00%	87	马其顿	2000	18.00%
7	亚美尼亚	1992	20.00%	88	马达加斯加	1994	20.00%
8	澳大利亚	2000	10.00%	89	马拉维	1989	16.50%
9	奥地利	1973	20.00%	90	马来西亚	2015	6.00%
10	阿塞拜疆	1992	18.00%	91	马里	1991	18.00%
11	孟加拉国	1991	15.00%	92	马耳他	1995	18.00%
12	巴巴多斯	1997	17.50%	93	毛里塔尼亚	1995	14.00%
13	白俄罗斯	1992	20.00%	94	毛里求斯	1998	15.00%
14	比利时	1971	21.00%	95	墨西哥	1980	16.00%
15	贝宁	1991	18.00%	96	摩尔多瓦	1992	20.00%
16	玻利维亚	1973	13.00%	97	摩纳哥	1963	20.00%
17	波黑	2006	17.00%	98	蒙古	1998	10.00%
18	博茨瓦纳	2002	12.00%	99	黑山	2003	17.00%
19	巴西	1967	20.00%	100	摩洛哥	1986	20.00%
20	保加利亚	1994	20.00%	101	莫桑比克	1999	17.00%
21	布基纳法索	1993	18.00%	102	缅甸	1990	5%~100%
22	布隆迪	2009	18.00%	103	纳米比亚	2000	15.00%
23	柬埔寨	1999	10.00%	104	尼泊尔	1997	13.00%
24	喀麦隆	1999	19.25%	105	荷兰	1969	21.00%
25	加拿大	1991	5.00%	106	新西兰	1986	15.00%
26	佛得角	2004	15.00%	107	尼加拉瓜	1975	15.00%
27	中非共和国	2001	19.00%	108	尼日尔	1986	19.00%
28	乍得	2000	18.00%	109	尼日利亚	1994	5.00%
29	智利	1975	19.00%	110	挪威	1970	25.00%
30	中国	1994	17.00%	111	巴基斯坦	1990	16%~17%
31	哥伦比亚	1975	16.00%	112	巴勒斯坦自治区	1976	17.00%
32	刚果（布）		18.00%	113	巴拿马	1977	7.00%

续表

序号	国家或地区	时间	税率	序号	国家或地区	时间	税率
33	刚果（金）	1997	16.00%	114	巴布亚新几内亚	1999	10.00%
34	哥斯达黎加	1975	13.00%	115	巴拉圭	1993	10.00%
35	科特迪瓦	1960	18.00%	116	秘鲁	1973	18.00%
36	克罗地亚	1998	25.00%	117	菲律宾	1988	12.00%
37	塞浦路斯	1992	18.00%	118	波兰	1993	23.00%
38	捷克共和国	1993	21.00%	119	葡萄牙	1986	23.00%
39	丹麦	1967	25.00%	120	罗马尼亚	1993	24.00%
40	多米尼克	2006	15.00%	121	俄罗斯	1992	18.00%
41	多米尼加	1983	18.00%	122	卢旺达	2001	18.00%
42	厄瓜多尔	1970	12.00%	123	圣基茨和尼维斯	2010	17.00%
43	埃及	1991	10.00%	124	圣卢西亚	2012	15.00%
44	萨尔瓦多	1992	13.00%	125	圣文森特	2007	15.00%
45	赤道几内亚	2004	15.00%	126	萨摩亚	1994	15.00%
46	爱沙尼亚	1992	20.00%	127	塞内加尔	1980	18.00%
47	埃塞俄比亚	2003	15.00%	128	塞尔维亚	2005	20.00%
48	斐济	1992	15.00%	129	塞舌尔	2013	15.00%
49	芬兰	1994	24.00%	130	塞拉利昂	2009	15.00%
50	法国	1968	20.00%	131	新加坡	1994	7.00%
51	加蓬	1995	18.00%	132	斯洛伐克	1993	20.00%
52	冈比亚	2013	15.00%	133	斯洛文尼亚	1999	22.00%
53	格鲁吉亚	1992	18.00%	134	南非	1991	14.00%
54	德国	1968	19.00%	135	西班牙	1986	21.00%
55	加纳	1998	17.50%	136	斯里兰卡	1998	12.00%
56	希腊	1987	23.00%	137	苏丹	2000	17.00%
57	格林纳达	2009	15.00%	138	苏里南	1999	8%~10%
58	危地马拉	1983	12.00%	139	斯瓦士兰	2012	14.00%
59	几内亚	1996	18.00%	140	瑞典	1969	25.00%
60	几内亚比绍	2001	15.00%	141	瑞士	1995	8.00%

续表

序号	国家或地区	时间	税率	序号	国家或地区	时间	税率
61	圭亚那	2007	16.00%	142	中国台湾省	1986	5.00%
62	海地	1982	10.00%	143	塔吉克斯坦	1992	20.00%
63	洪都拉斯	1976	15.00%	144	坦桑尼亚	1998	18.00%
64	匈牙利	1998	27.00%	145	泰国	1992	7.00%
65	冰岛	1990	25.50%	146	多哥	1995	18.00%
66	印度	2005	12.36%~15%	147	汤加	2005	15.00%
67	印度尼西亚	1985	10.00%	148	特立尼达和多巴哥	1990	15.00%
68	爱尔兰	1972	23.00%	149	突尼斯	1988	18.00%
69	伊朗	2008	5.00%	150	土耳其	1985	18.00%
70	以色列	1976	18.00%	151	土库曼斯坦	1992	15.00%
71	意大利	1973	22.00%	152	乌干达	1996	18.00%
72	牙买加	1991	16.50%	153	乌克兰	1992	20.00%
73	日本	1989	8.00%	154	英国	1973	20.00%
74	约旦	1994	16.00%	155	乌拉圭	1968	22.00%
75	哈萨克斯坦	1992	12.00%	156	乌兹别克斯坦	1992	20.00%
76	肯尼亚	1990	16.00%	157	瓦努阿图	1998	13.00%
77	韩国	1977	10.00%	158	委内瑞拉	1993	12.00%
78	科索沃	2001	16.00%	159	越南	1999	10.00%
79	吉尔吉斯斯坦	1992	20.00%	160	赞比亚	1995	16.00%
80	老挝	2009	10.00%	161	津巴布韦	2004	15.00%
81	拉脱维亚	1992	21.00%				

资料来源：美国韦恩州立大学 Alan Schenk 教授等 . Value Added Tax a comparative approach（531-535）.

第3章 主要文献回顾

由于历史和经济体制诸方面原因,我国税收制度(以下简称"税制")存在一些弊端,其对经济发展的制约日益显现。为建立创新型国家、促进我国经济转型升级、促进产业结构合理化和优化国家治理,迫切需要创新国家税制。中国共产党十八届三中全会指出"财政是国家治理的基础和重要支柱",强调"构建科学的财税体制是实现国家长治久安的制度保障"(2014年12月12日《人民日报》),将完善和创新我国税制提到新的高度。

在现阶段我国税制结构中,流转税举足轻重。2012年以来实施的"营改增"试点、扩围乃至全面铺开,是完善我国流转税制乃至整个国家税制的关键举措。李克强总理(2014)在政府工作报告中强调,要抓好财税体制改革这个重头戏①。推进税收制度改革,把"营改增"试点扩大到铁路运输、邮政服务、电信等行业。财政部专家贾康(2015)指出,2015年是我国税制改革的关键年份,继交通运输业、现代服务业、电信业先后完成"营改增"之后,预计房地产业、建筑业、金融业和生活服务业等行业将在2015年完成"营改增"。

"营改增"是我国税制改革进程中特有的现象,是由我国的特殊国情决定的,很具有中国特色。国外并没有进行过"营改增"的先例,早期相关的研究主要涉及增值税税率变化、增值税管理和增值税税负,涉及增值税改革的,也基本与增值税代替消费税相关。国内既缺乏这方面相关文献,也没有现成的实践经验可以借鉴,我们只能"摸石头过河"。因此,在"营改增"初期参考其他税种改革的经验,实行试点并逐步扩大试点,乃至在全国推广,是稳妥实施"营改增"的明智之举。2016年5月1日,"营改增"政策全面落定,意味着此次税改实践工作结束,但不意味着学术研究工作也可以停下来。学术界需要继续做好后续研究工作,对前期工作进行总结,也为后续的税制建设工作提供参考。本章拟从"营改增"政策意义、"营改增"宏观效应、"营改增"微观效应、税收政策与经济增长、经济效率测度与计量分析、税收

---

① 十二届全国人大二次会议《李克强政府工作报告》,2014年3月5日。

政策与经济结构调整及税收政策与投资效率七个方面梳理国内外税制改革和"营改增"试点研究文献,为后续研究工作提供借鉴。

3.1 国内外文献综述

(1)"营改增"的政策意义

"营改增"是结构性减税的重要措施,对于我国经济转型和税制结构的完善等等都具有重要意义。正如高培勇(2012年)指出的那样,"营改增"绝非一般意义上的税制调整或税制改革举措[1]。实际上,它可能预示整个财税体制以及整个经济社会体制的重大变革。首先,"营改增"有利于促进第三产业的发展。马海涛(2012)指出,六大税制改革中最受关注的是"营改增"试点,这一改革不仅为服务业等行业减轻税负,促进相关企业研发和创新,也显示出税制优化对生产方式的引导,有助于推动税收松绑后的第三产业迎来发展的黄金期。其次,"营改增"有助于优化我国税制结构。2012年1月1日在上海试点的"营改增"是一项重要的结构性减税举措,不仅对于消除第三产业、建筑安装业和交通运输业的重复征税,促进专业化、协作化的社会分工和产业结构升级换代意义重大(李俊英等,2013),而且可以提升直接税体系建设的速度,完善地方税体系(刘春艳,2013)。最后,"营改增"可以直接降低小规模纳税人的税负,可消除增值税对服务业与第三产业的歧视及其在资源配置上的扭曲(平新乔、张海洋,2010)。

(2)"营改增"试点的宏观效应

通常,税制改革会产生经济后果。Colbjrnsen(2015)在《"增值税"对于欧洲文化媒体的税收政策影响》一文中认为媒体的税收政策研究在很大程度上被忽视,作者分析了印刷书和电子书在欧洲应用增值税的后果,并提出了基于数字媒体和文化产品服务的欧洲增值税政策的建议[2]。Bird and Smart(2015)提出美国在考虑联邦税收政策时可参照加拿大的经验,联邦增值税

---

[1] 高培勇.多重目标宏观经济政策布局下的中国结构性减税[J].中国市场,2012(12):31-33。

[2] Colbjrnsen, T.. What is the VAT? The policies and practices of value added tax on ebooks in Europe[J]. International Journal of Cultural Policy,2015,21(3):326-343.

可以很有效，也会使国家税收更可行[1]。Oladipupo and Izedonmi（2013）讨论了俄罗斯的"营改增"进程和问题，他们认为改革中的问题主要是增值税发生机制问题，而不是增值税本身的问题，还提出了在增值税替代销售税中的加减法。Lutilsky and Tominac（2012）认为，虽然欧盟国家自1977年起就实行了增值税税收条例，但依然存在着不平等的税收优惠和逆向税收竞争[2]。Amand（2008）认为，欧盟对于在欧盟内部征收增值税的结果是造成违反欧盟条约目标的严重竞争扭曲。欧盟委员会未找到解决方案的原因是从未检查过所有可能的替代方案，尤其是从未评估其成本[3]。

Diewert et al.（1989）研究完全竞争市场和小国开放条件下税制改革的宏观效应时发现，商品税（主要指增值税）对关税的替代改革能够实现帕累托改进、增进一国福利水平。Piggott & Whalley（2001）和 Emran & Stiglitz（2005）将非正式部门引入增值税福利效应分析之中，却发现相反的研究结论，即增值税可能降低一国福利。Keen（2008）从各税种互补进而完善税制的角度出发，提出在预提税存在的条件下，即便非正式部门存在，增值税的改革同样会促进一国福利增加。实证结论的不一致性引起人们对增值税宏观效应的进一步深入思考。Boadway & Sato（2009）认为内生化非正式部门的反应机制，是探讨增值税福利效应的关键。

Široký（2015）通过分析捷克共和国可选择家庭费用的增值税税负的变化，确定这些变化如何对包括降低增值税税率和免税交易消费份额在内的捷克共和国商品产生影响以及通过增加增值税累退的税收确认对于家庭的税负压力[4]。Enriquez and Echevarría（2016）在《需求系统的一致估计与福利分析：西班牙2012年次增值税改革》一文中表明，福利损失和税负随着收入增加而增加。收入较低的家庭相对于收入水平高的家庭损失更大。所以，西班牙的

---

[1] Bird, R.M., Smart, M.. VAT in a Federal System: Lessons from Canada[J]. Public Budgeting & Finance, 2014: 121-138.

[2] Lutilsky, L.D., Tominac, S.B., Lutilsky, I.D.. Financial Services in the VAT System in the European Union and Croatia[J]. South East European Journal of Economics and Business, 2012（8）: 23-33.

[3] Amand, C.. VAT on financial services: the unanswered questions[J]. ERA Forum, 2008（3）: 357-376.

[4] Střílková, R., Široký, J.. Changes in the VAT Burden on Expenses of Selected Households in the Czech Republic（2007-2014）[J]. The B. E. Journal of Economic Analysis & Policy, 2015（9）: 231-255.

2012年增值税改革对于平均家庭收支的目的没有达到。

  Carbonnier（2013）讨论了法国增值税税负问题，他们根据图形证据和计量经济学结果得出，虽然1995年增值税的全部税率由18.6%上升至20.6%，但法国商品价格的改变更多的是由于单位消费税的增加而非从价计征的增值税[①]。J. Bubi 等（2016）在《增值税税率变化和其对流动性影响的研究》（*VAT rate change and its impact on liquidity*）一文中发现在克罗地亚共和国发生的税务变动实际上是从一个税期到另一个税期对整个企业（包括其流动性）的影响。因此，它对于企业保持足够的流动性水平越发重要，论证了增值税一般税率变动对流动性的潜在影响。且在增值税税率上升一个百分点（从22%上升到23%）以后对公司破产前后的流动性比率差异进行了探讨，并按照一个纳税会计期间发生的税收变动的时间范围对流动性进行了分析[②]。Benkovskis and Fadejeva（2014）根据拉脱维亚的CPI数据，发现增值税征收率对通货膨胀具有影响：较之税率下降，在税率上升的情况下，税率对消费者物价的影响更强，特别是在没有需求限制的情况下[③]。Blazi and Dimitri（2009）根据欧盟增值税立法的发展情况，对克罗地亚引入小企业增值税税率的潜在效应进行了评估，包括对价格、销售、经济和就业的影响。他们发现增值税税率下降对餐馆、酒吧与房屋及其他与劳工密集服务有关的房屋及建筑服务有积极促进效应[④]。

  Salti and Chaaban（2010）探讨了增值税税负增加对黎巴嫩的贫困和不平等的影响，通过建立一个基于消费需求理论的实证模型发现，尽管当时实行增值税减免，但增值税税率的增加仍然会对黎巴嫩的贫困和不平等造成不可忽视的影响[⑤]。Thiele(2010)基于2007年德意志联邦共和国将增值税税率从

  [①] Carbonnier, C.. Pass-through of Per Unit and ad Valorem Consumption Taxes: Evidence from Alcoholic Beverages in France[J]. The B.E. Journal of Economic Analysis & Policy, 2013, 13（2）: 837-863.

  [②] Bubić, J., Mladineo, L., Susak. T., VAT rate change and its impact on liquidity[J].Management: Journal of Contemporary Management Issues, 2016（2）: 229-238.

  [③] Benkovskis, K., Fadejeva, L.. The effect of VAT rate on inflation in Latvia: evidence from CPI microdata[J]. Applied Economics, 2014, 46（21）: 2520-2533.

  [④] Blažić, H., Dimitrić, M.. The reduced VAT rate for small business in Croatia[J]. Proceedings of Rijeka Faculty of Economics: Journal of Economics and Business, 2009（3）: 180-201.

  [⑤] Salti, N., Chaaban., J.. On the Poverty and Equity Implications of a Rise in the Value Added Tax[J]. Middle East Development Journal, 2010, 02（01）: 121-138.

16%提高至19%的事实，通过量化不同德国家庭群体的增值税福利效应，发现家庭支出中的增值税有所增加，尤其低收入家庭和有子女的家庭福利损失较高[①]。Świstak and Wawrzak（2015）研究波兰在2011年的增值税税率政策发现，增值税税率结构的改变虽然难以提高增值税的累进性和整体优化，但通过将食品等的税收由低收入人群转移到高收入人群，缓解了收入分配不均问题。

"营改增"试点一段时间以后，国内学者陆续跟进研究其经济后果。魏陆（2013）发现"营改增"的企业减税效应明显，绝大多数行业和企业的税收负担下降；对产业发展的联动效应也逐渐显现，从制度层面解决了影响服务业发展的税收瓶颈问题。根据贾康（2013）的测算，上海市"营改增"一年减税260亿左右，全国减税量约3000亿元[②]。其中，小规模纳税人税负降低明显，占试点企业近7成的小规模纳税人税负下降幅度达40%左右（章雁，2012）。同时，"营改增"减税效应与具体行业相关。根据蒋永霞（2012）的研究，"营改增"物流中的装卸搬运服务和货物运输服务试点后企业实际税负却大幅增加。其中，从事运输、仓储、快递和货代一种或多种业态的物流企业，税负增幅达123%。随着"营改增"扩围乃至全面铺开，以及抵扣链条的逐步完善，截至2017年底，"营改增"累计减税达17 000亿元。

（3）税收政策的微观效应

①税收政策与财务绩效。国内外研究表明，税收政策会影响公司财务绩效。Dan S.D，Linda K.K & Oliver Z.L（2007）发现，减税法案的通过降低了企业权益资本成本[③]。国内马文杰（2012）发现，"营改增"消除了流转环节重复征税现象，有利于试点企业和流通领域税收成本降低，大部分试点行业（如交通运输企业和文化创意产业）税负有所降低，仅个别试点行业企业税负不降反升。王素荣等（2010）研究发现，增值税转型使上市公司的净资产收益率（ROE）曲线向高盈利的方向推动，能够改善企业财务绩效。王跃堂等（2010）认为，所得税改革后，税率降低企业明显地降低了债务水平，而税率

---

① Thiele, S.. Increase of the Value Added Tax（VAT）：Budget- and Welfare- Effects for Consumers[J]. Jahrbücher für Nationalökonomie und Statistik，2010，Vol230，NO.1，PP.115–130.

② 贾康."营改增"属结构性减税，不是简单普惠性质[N].中国城乡金融报（3），2013-4-29.

③ Dan Dhaliwal，Linda Krull，Oliver Zhen Li. Did the 2003 Tax Act reduce the cost of equity capital [J]. Journal of Accounting & Economics，2007，43（1）：121–150.

提高企业明显地提高了债务水平。他们进一步还发现，产权性质对债务税盾有影响。考虑国有股权，吴联生（2009）发现，税收是国有股权影响公司价值的重要途径。公司国有股权比例越高，其实际税率也越高；非税收优惠公司的国有股权正向税负效应显著高于税收优惠公司[1]。

以"营改增"为研究对象，杨敏（2014）发现，"营改增"总体上减轻了企业的税负，提高了企业的财务绩效水平。其中，现代服务业企业的整体税负得以降低，财务绩效水平得到提升；交通运输业企业的税负不降反增，致使其财务绩效水平降低。此外，在第三产业较为发达的北京地区，"营改增"对企业财务绩效的提升作用大于上海、广东地区。王珮等（2014）针对交通运输业，采用双重差分模型进行实证分析。文章发现"营改增"对交通运输业的税负有负向影响，对企业业绩影响不显著。同时发现通过"营改增"政策，交通运输企业扩大了经营规模[2]。孙钢（2014）则针对"营改增"导致的企业税负增加和价格没有相应提高，从价格管制、市场供需、竞争要素、税制和价格体系的不协调以及税率设置五个方面进行了原因分析，并提出了放开价格管制和对相关税率进行调整的建议[3]。除了对交通运输业的分析外，张学勇和荆琦（2014）还将"营改增"的税负影响分析扩展到铁路运输业、邮政服务业和电信业。文章发现，对于不同行业，"营改增"对企业税负的影响不同，甚至相反。其中，铁路运输业为负效应，而邮政服务业与电信业为正效应[4]。这是由于未来允许抵扣进项税额的差异造成的。前者相对邮政服务业与电信业可抵扣进项税额大得多。因此，作者提出了对邮政服务业与电信业降低税负的一些建议：对行业可抵扣项目进行调整。田志伟和胡怡建（2013）则创新性地构建了我国税收的 CGE 模型，此模型可以观察税负的动态变化。研究发现，"营改增"长期导致部分行业的税负增加。但短期内，企业可以通过税率设计等方式，实现税负水平的平均化[5]。

---

[1] 吴联生. 国有股权、税收优惠与公司税负 [J]. 经济研究，2009（10）：109-120.

[2] 王珮，董聪，徐潇鹤，文福生."营改增"对交通运输业上市公司税负及业绩的影响[J]. 税务研究，2014（5）：43-46.

[3] 孙钢. 对"营改增"部分企业税负增加的分析 [J]. 税务研究，2014（7）：86-98.

[4] 张学勇，荆琦. 铁路运输业、邮政服务业和电信业在"营改增"后的税负预测[J]. 税务研究，2014（8）：56-63.

[5] 田志伟，胡怡建."营改增"对各行业税负影响的动态分析——基于CGE模型的分析[J]. 财经论丛，2013（4）：20-26.

②税收政策变动的市场反应。税制改革与投资价值密切相关，能对资本市场产生影响。Downs & Hendershott（1987）研究发现，美国1986年的税制改革（Tax Reform Act of 1986，TRA1986）使股价上升了10%~13%，其中由于税率降低带来了3%的股价提升。Givoly & Hayn（1991）分时段对TRA1986的市场反应作检验发现，市场对新税法的颁布和通过会做出即时反应，并且股票的超额回报率和公司预期税负显著负相关。国内万华林等（2012）以我国2009年增值税转型为基础，结合2008年公司所得税税制改革，检验了增值税转型过程中公司投资决策的价值相关性变化趋势。他们发现，增值税转型对投资价值相关性有影响，存在投资补贴的正面效应和所得税负面效应，并且所得税税率越低增值税转型对投资价值相关性的促进作用越大。王跃堂等（2009）按税负变化差异分别研究发现，市场能够识别税率变化对公司价值的影响，市场对税率降低的公司给出了正面的反应；税率降低的公司存在明显的避税盈余管理行为。

龙月娥、黄娉婷（2016）研究发现，证券市场对于"营改增"这一重要税制改革给予了正面反应，样本公司超额回报显著为正[1]。进一步地，作者分别按产权性质和国有企业是否试点两种分类法进行深入研究。其中，按产权性质将试点企业划分为国有企业和非国有企业后发现，机构投资者对这两类试点企业的反应存在显著差异："营改增"政策实施以后，机构投资者明显增加了对国有试点企业的持股比例，未发现其增持非国有试点企业股票。作者还发现证券市场在"营改增"后对试点企业的估值显著偏高，而且对国有试点企业的估值提升幅度稍高于非国有试点企业。

③税收政策（含"营改增"）与公司行为。国外主要从会计政策选择这一角度开展公司税收行为研究，发现税收成本是公司管理层选择后进先出法的一个重要动因。Guenther（1994）研究了美国1986年的所得税改革，发现税务成本对公司收益转移产生影响[2]。Thomas等（1998）进一步研究发现，收益转移主要集中于税务筹划更为激进的公司。

国内，娄贺统、徐浩萍（2009）研究了我国相关税收优惠政策对企业技

---

[1] 龙月娥，黄娉婷."营改增"税制改革与证券市场反应研究——基于机构投资者与证券估值双重视角[J].证券市场导报，2016（6）：114-115.

[2] Guenther, David A. Earnings management in response to corporate tax rate changes: evidence from the 1986 tax reform act[J]. The Accounting Review，1994，1（69）：230-243.

术创新的影响，研究发现，享受税收优惠的企业研发人员比重显著高于其他企业，流转税优惠的激励作用大于所得税优惠。李嘉明、李苏娅（2007）以东北地区进行增值税转型试点为对象，研究增值税负与企业固定资产投资的关系发现，增值税转型后企业增值税实际税负都普遍降低，对固定资产投资起了一定的积极作用。除了石油化工和高新技术行业，平均固定资产投资都有了稳步的增长。所得税的优惠政策对东北固定资产投资的影响并不显著。

"营改增"政策实施以后，国内陆续有文献研究企业的盈余管理行为。胡姣和彭卉（2016）结合建筑业行业特点，分别从投资、筹资、资金营运、现金流量和资金分配的角度，分析了"营改增"对于建筑业上市公司盈余管理的影响机理①。他们发现"营改增"会造成营业收入的增加和营业成本的减少。他们进一步认为"营改增"会使企业增加固定资产投资，通过费用资本化和进项税额抵扣操作可以优化盈余管理。至于"营改增"对企业现金流量的影响，可能是双向的，即可能使企业经营活动现金流增加，也可能导致企业经营活动现金流减少。

孟令训（2014）以交通运输业上市公司"营改增"为研究对象，开展盈余管理研究。通过选用新增可移动固定资产与营业收入的比值作为盈余管理代理变量，建立实证研究模型。作者研究发现，"营改增"以后，企业会通过大量购置可移动固定资产来获得可抵扣进项税额以降低税负②。

杨榛（2015）则选用过去已经适用增值税的企业和"营改增"企业为研究对象，分别考察"营改增"前后两组样本企业各自盈余管理水平及其差异，并进一步考察这种差异是否由营业税改征增值税所致③。

（4）税收政策与经济增长

Arnold（2008）基于OECD的21个国家的面板数据，并在模型中引入了税制结构指数，分析了税制结构和经济增长之间的关系，得出的结论是，消费税和财产税对经济增长的促进作用大于所得税，尤其是企业所得税对经济增长的影响微弱。Lee和Gordon（2005）基于1970—2007年的跨国家面板数据，利用固定效应的面板模型，实证分析了税制结构与经济增长的关系，指出企业的税负与经济增长之间是负相关，而个人的税负与经济增长的关系

---

① 胡姣，彭卉."营改增"对建筑企业盈余管理的影响分析[J].商，2016（24）：24-115.
② 孟令训."营改增"对交通运输业上市公司盈余管理的影响[D].青岛理工大学，2014.
③ 杨榛.营业税改征增值税对企业盈余管理的影响研究[J].中国市场，2015（49）：49-54.

不明显。Crossley、Phillips & Wakefield（2011）研究 2008 年英国通过暂时性削减增值税率发现，降低税率致使物价下降 1.2%，物品购买增加 1.2%，间接刺激了经济增长。

国内，高凌江（2011）运用逐步回归的方法，对 1985—2009 年的税收结构和经济增长的关系进行了实证研究，指出财产税和行为税与经济增长是正相关关系，流转税对经济增长的影响是负面的，而其他税种对经济增长的影响不显著。刘海庆和高凌江（2011）基于 1994—2009 年的省级面板数据，实证分析了税收结构与经济增长的关系，指出财产税和流转税占比的增加有利于经济增长，而所得税和其他税收占比的增加不利于经济增长（张荐华等，2013）。

陈金保等（2011）研究发现，服务业税收负担对服务业增长有负作用，但这种负作用存在明显的地区差异。他们据以指出，我国在落实服务业的"结构性减税"政策时，应推行地区差别化的税收政策，并对税收结构进行适当调整。申嫦娥（2006）把税收结构引入汉森-萨缪尔森模型，实证研究发现，流转税（间接税）比重的增加对投资增长有激励作用，而对边际消费倾向没有显著影响。何茵、沈高明（2009）研究发现，增值税、营业税、个人所得税和企业所得税四个税种中，增加营业税和企业所得税对中国经济发展的消极作用最弱，而个人所得税和四大税种之外的其他税收增长所带来的负面效应最强。严成樑、龚六堂（2009）认为，流转税税率与经济增长率正相关，个人所得税税率与经济增长率存在着倒 U 形关系，企业所得税与经济增长率负相关。崔治文、王蓓、管芹芹（2010）认为流转税、所得税（尤其是个人所得税）份额的增加有利于人均 GDP 的增长，财产税的经济效应尚未体现，宏观税负和赤字融资的增加已经抑制了人均 GDP 的增长。

汤高婷（2014）通过研究税种结构变动与经济增长的关系发现，增值税占总税收比重的增加会降低人均生产总值，营业税、企业所得税、个人所得税、农业各税占总税收比重的增加会提高人均生产总值，而资源税的经济效应不显著。她进一步指出，应该优化现行税制结构，有序推进"营改增"。

（5）经济效率测度与计量分析

王德祥等（2009）基于 SFA 方法并利用省际面板数据，对我国税收征管效率及其影响因素进行实证分析发现，1997—2005 年各地区税收征管效率都呈上升趋势，从征管角度揭开了"税收超 GDP 增长"之谜，提高税务机构女性工作人员比重有助于征管效率的提高。卢洪友等（2009）研究中国27个省级政府样本1990—2007年第三产业的技术进步和技术效率值发现，财政政策对第三产业技术进步、技术效率的影响存在显著的地区差异性。此外，基于税收视角测度经济效率并开展实证分析的论文不常见。

（6）税收政策与经济结构调整

李俊英、苏建（2013）认为，财政政策和货币政策是实现政府宏观调控的两个重要方面，两者要相互配合。具体到转变经济增长方式和维护社会稳定方面，财政政策要优于货币政策（安体富，2012），因为财政政策时效和作用机制要优于前者。财政政策主要通过减税和增加财政支出促进经济增长。2010年以前，我国以增加政府投资为主、结构性减税为辅，当前则把结构性减税作为实施积极财政政策的重要政策工具。结构性减税本质上是一种减税措施，是政府以主要税种为载体让渡税收收入的一种行为，政策落脚点是减轻企业和个人的税收负担，根本目标是服务于转变经济发展方式、调整经济结构和优化税制结构。2012年1月1日在上海试点的"营改增"是一项重要的结构性减税举措，对于消除第三产业、建筑安装业、交通运输业的重复征税，促进专业化、协作化的社会分工和产业结构升级换代，进而提振消费、惠及民生意义重大。

张荐华、禄晓龙（2013）利用1994—2011年的时间序列数据，实证分析了1994年分税制改革以来我国税制结构与经济增长的关系。他们指出，我国的税制改革及结构调整，应以转变政府职能理论及税收中性理论为指导，以经济结构调整和转变发展方式为主线，合理安排直接税与间接税的比重，使整个税收对市场的影响逐步转为中性，以充分发挥市场机制对资源的基础性配置作用，促进我国经济的持续健康发展。

（7）税收政策与投资效率

理论上，投资效率的研究可以分别从宏观经济角度和微观企业角度进行研究。在宏观经济角度，可以用"增量资本产出率"（ICOR）来衡量。这里，ICOR是指资本存量变动与产出增量的比值[①]。从微观视角来看，投资效率是指通过投资活动投入一定资源，创造净收益或提升企业价值的能力（袁春生等，

---

① 张军，金煜. 中国的金融深化和生产率关系的再检测[J]. 经济研究，2005(11)：34-45.

2006)[1]。学术研究中，一般并非直接去选取某个指标作为投资效率代理变量，而是通过模型来计算投资效率指标。目前，学术界广泛认可的投资效率测算模型有三个：Richardson 模型（2006 年）、FHP 模型（1988 年）和 Vogt 模型（1994 年）。本文借鉴 Richardson 模型来衡量"营改增"企业的投资效率。

Myers（1977，1984）基于信息不对称视角开展投资效率研究。他认为，在公司现有资产价值和投资项目未来发展前景方面，信息不对称现象普遍存在于外部投资者和内部管理者之间，其引发的逆向选择问题是企业投资效率达不到最优的重要因素[2]。国内，潘敏和金岩（2003）通过分析式研究发现，我国上市公司存在严重的过度投资现象。即使不存在信息不对称，我国上市公司的股权价格已经高于实际价格。将信息不对称因素考虑进来后，我国上市公司发生过度投资的概率更是大幅上升。崔伟、何一峰（2008）在控制公司规模等因素的情况下，发现会计信息质量和投资现金流敏感性之间存在反向关系，表明提高会计信息质量有助于抑制企业的非效率投资。娄亚萍（2012）通过研究，总结出会计信息质量与企业投资非效率关系路径，认为高质量的会计信息能够通过降低信息不对称，缓解上市公司控股股东代理引发的冲突，进而抑制企业的非效率投资。肖珉、任春艳、张芬芳（2014）通过对我国不同产权安排下的资本投资效率进行研究发现，地方国有企业更可能出现"现金流富余－投资过度"相关性，缓解道德风险的公司治理和减少政府干预的政府治理有助于改善其投资效率。张超、刘星（2015）通过研究我国 A 股上市公司内部控制缺陷信息披露与投资效率时序关系发现，虽然我国上市公司内部控制缺陷信息的可靠性还较弱，但是缺陷信息披露行为对特定企业提高投资效率仍然会产生显著影响[3]。

基于委托代理理论基础，Jensen（1986）提出了著名的现金流量假说，认为管理者倾向于将企业多余的现金流用于扩大投资规模、增加管理者薪酬等行为，而不是对投资者进行股利分配[4]。因此，如果企业拥有丰富的自有现金

---

[1] 袁春生，杨淑娥. 经济管理防御与企业非效率投资 [J]. 经济问题，2006（6）：40-42.
[2] Myers，S. C. The Capital Structure Puzzle [J]. Journal of Finance，1984，(39)：575-592.
[3] 张超，刘星. 内部控制缺陷信息披露与企业投资效率——基于中国上市公司的经验研究[J]. 南开管理评论，2015，18（5）：136-150.
[4] Jensen M. C. Agency Costs of Free Cash Flow, Corporate Finance, and Takeover[J]. American Economic Review，1986，76（3）：305-360.

流,那么过度投资问题也将更为严重,即自由现金流和过度投资行为同向变化。稍晚一些,Stulze(1990)通过研究发现,代理问题不但会引起过度投资,而且会导致投资不足[1]。作者认为,投资者已经意识到了管理者可能为了自身利益扩大投资,损害自身的利益,所以会采取自我保护措施而对公司的融资需求索要更高的溢价。当公司确实存在较好的投资项目时,管理者为了吸引投资者投出资金就必须支付较高的融资成本,因而会导致投资不足。Strong and Meyer(1990)在后续研究中将投资分为维持投资和任意投资,结果发现,当公司里剩余现金增加时,任意投资现象更为严重。他们的研究结论显然也支持代理理论[2]。国内,童盼、陆正飞(2005)以"股东-债权人冲突"理论为基础,通过对上海和深圳证券交易所 A 股上市公司负债融资及负债来源对企业投资行为影响的研究发现,债务比率越高,投资规模越低。换言之,债务比率与公司投资规模二者负相关。与此同时,他们还发现债务融资的渠道不同,债务融资对企业投资规模的影响也不同[3]。2008 年安灵借鉴海洋博弈模型测度股权集中度和制衡度,从最终的所有权性质来考察上市公司的股权制衡和非效率投资之间的关系。作者通过研究发现,股权制衡在民企及县级政府所属公司作用较强,其他公司则表现为不明显,第一大股东的实际控制力对非效率投资行为的影响表现为先加强、后减弱的非线性变化[4]。

窦炜(2011)按控股形式将我国上市公司分为多名大股东共同控股和一名绝对控股大股东两类。作者研究发现,这两类控股形式企业的投资行为上存在明显区别。在多名大股东共同控股的企业中,公司的投资行为取决于这些大股东之间的关系:如果大股东利益趋同,共同合谋,将导致加重过度投资行为;如果大股东利益不同,互相挟制,则可以有效降低过度投资行为。在一名大股东绝对控股的企业中,大股东和中小股东之间的代理冲突得到有效缓解。

---

[1] Stulze, R. Managerial Discretion and Optimal Financing Policies[J]. Journal of Financial Economics, 1990(7): 3-27.

[2] Strong, J. S. and J. R. Meyer. Sustaining Investment, Discretionary Investment, and Valuation: A Residual Funds Study of the Paper Industry[M]. University of Chicago Press, 1990: 127-148.

[3] 童盼,陆正飞.负债融资、负债来源与企业投资行为——来自中国上市公司的经验证据[J].经济研究,2005(5): 75-84.

[4] 安灵,刘星.股权制衡、终极所有权性质与上市企业非效率投资[J].管理工程学报,2008(2): 122-128.

理论上，公司治理机制可以通过降低代理成本提高投资效率，所以大量学者对公司代理机制，尤其是其中的激励机制和投资效率之间的关系进行了实证研究。2007年，辛清泉等以2000—2004年A股上市公司为样本，利用Richardson模型（2006）[1]，研究了管理者薪酬与投资效率的相关性。作者发现，管理者现金薪酬越高，其过度投资水平就越低。张海平（2011）研究股权激励对投资效率的影响时发现，实施股权激励能缓解代理问题，能使管理者和股东利益趋于一致，因此该类型公司的投资效率更高。

目前，直接研究"营改增"对投资效率影响的相关文献还比较有限，但不乏可以借鉴的间接相关文献。已有研究多集中于"营改增"的税收抵扣效应对固定资产、无形资产投资的影响。"营改增"在促进企业扩大投资规模的同时，是否能够提高企业的投资效率？这个问题值得研究，国内已有作者作了先期探索。胥佚萱、林志伟（2011）通过上市公司2001—2008年的数据，从微观企业角度分析了增值税转型对企业固定资产投资的影响。他们发现，增值税转型导致企业显著提高固定资产投资水平，有助于老工业基地的固定资产更新改造和优化产业结构[2]。陈丽霖、廖恒（2013）以2007—2010年间企业面板数据为对象，研究了增值税转型对企业生产效率的影响。结果发现，增值税转型提高了企业的生产效率，并且政策效应呈现逐年显现趋势[3]。进一步研究发现，非国有企业的生产效率提高程度高于国有企业，高新技术企业生产效率提高程度高于一般企业。杨晨辉（2014）的研究得出与陈丽霖、廖恒（2013）完全相反的结论：增值税转型降低了企业的投资效率，且非国有企业投资效率的降低更加显著。李成、张玉霞（2015）以2011—2013三年面板数据，运用双重差分法检验"营改增"的政策效应。他们发现，由于存在税收抵扣效应，"营改增"试点地区企业显著提高了固定资产投资；由于存在税负转嫁效应，试点地区企业人均销售额显著增加[4]。

---

[1] Richardson S. Over-investment of Free Cash Flow[J]. Review of Accounting Studies, 2006(11): 159-189.

[2] 胥佚萱, 林志伟. 增值税转型改革与企业固定资产投资决策——基于中国上市公司数据的面板双重差分模型分析[J]. 税务与经济, 2011(1): 90-97.

[3] 陈丽霖, 廖恒. 增值税转型对企业生产效率的影响——来自我国上市公司的经验证据[J]. 财经科学, 2013(5): 56-66.

[4] 李成, 张玉霞. 中国"营改增"改革的政策效应：基于双重差分模型的检验[J]. 财政研究, 2015(2): 44-49.

3.2 文献评述与进一步研究方向

总的来看，国内外税制改革研究呈现如下几个特点：

①现有文献重视税收政策宏观效应研究，轻视微观效应研究。其中，相当数量文献讨论税制结构及其变化与宏观经济增长之间的关系。比如，Lee et al（2005）研究企业税负与经济增长相关性。又如，邓力平（2013）研究增值税福利效应、贸易效应以及"营改增"对服务业发展的影响。少数文献运用计量模型综合探讨税收政策及其变动对企业财务绩效的影响，如 Dan S.D, Linda K.K & Oliver Z.L（2007）、马文杰（2012）和王素荣等（2010）的研究。进一步研究中，应当适当加强税收政策微观企业财务效应实证研究[1]。

②现有文献对税收政策经济效率研究不足。目前，已有极少数文献关注税收政策的经济效率问题，如王德祥等（2009）基于 SFA 方法对我国税收征管效率及其影响因素进行了实证分析，卢洪友等（2009）研究财政政策对第三产业技术进步、技术效率的影响。进一步研究中，研究人员应当适当加强税收政策对微观企业（特别是服务业企业）经济效率影响的研究。

③现有文献"税收政策－微观企业财务绩效"是一个黑箱模型。宏观政策（如税收政策）影响微观企业财务绩效似乎是一个不言自明的问题，经济研究领域不乏这方面的研究成果，如王素荣等（2010）研究发现，增值税转型能够改善企业财务绩效，提高其净资产收益率（ROE）。但是，宏观政策是如何影响微观企业财务绩效的，或者说宏观政策影响微观企业财务绩效的机理和路径是什么？应当设法将这个"黑箱"变成"白箱"，使我们的研究更逼近问题的本质。这是个十分重要的研究命题，值得后续研究深入探讨。

④现有实证税务微观效应研究文献匮乏而引起的问题。当前，国内外实证税务微观效应研究文献较少，在建模过程中参考资料相对不足，给模型变量选择带来困难。一方面，我们要详尽分析我国税制特点，尽量把能反映我国税收环境异质性（相对于国外）的重要变量加入模型中；另一方面，要采用逐步回归法进行变量筛选，避免模型共线性。

本研究项目主要基于微观视角开展研究，着重研究如下五个问题：

---

[1] 王素荣，蒋高乐. 增值税转型对上市公司财务影响程度研究[J]. 会计研究，2010（2）：40-46.

①市场反应研究。"营改增"是我国深化经济改革的一项重要举措，属于结构性节税措施。政策实施后势必造成企业间税负变化不同，有些企业减税，而另外一些企业可能增税，苦乐不均。按照信息经济学原理，上述任何一种情况出现都可能在样本公司股票收益率反映出来。

②财务绩效研究。既然"营改增"可能影响公司税负，而按照财务学理论，税负意味着公司价值损失，是经济利益流出企业。这意味着公司收入、费用或利润在"营改增"前后可能大不相同。鉴于此，研究"营改增"对公司财务绩效的影响十分有意义。

③经济效率研究。"营改增"带来企业税负减轻，意味着在其他条件不变的情况下，公司有更多的资源用于创新，用于研发，用于扩充生产经营规模。企业的这些举措可能会提高规模效率或纯技术效率。事实上，"营改增"的政策动因之一就是促创新、促发展、促经济转型升级。因此，经济效率研究是"营改增"效应研究必不可少的主题之一。

④投资效率研究。与上述③不同，该主题的研究逻辑是："营改增"能革除营业税双重征税的弊端，解决"营业税"纳税企业外购的原材料、设备及应税服务不能抵扣的问题，减轻"营改增"企业的税负，继而引起这些企业融资约束和自由现金流量发生变化，乃至影响其投资效率。

⑤盈余管理研究。"营改增"政策实施的影响面十分广泛，在此事件前后企业的盈余管理行为是否发生变化十分值得探讨。本书主要探讨"营改增"与应计和真实盈余管理水平的关系，并且加入"营改增"与机构投资者的交互项来研究机构投资者对"营改增"与企业盈余管理水平是否有调节作用。

第4章

"营改增"行业效应及其影响因素研究

税收是影响公司价值的重要因素。2012年1月起实行的"营改增"试点将使交通运输业和现代服务业税负发生变化，从而引起试点公司及同业竞争对手公司价值发生变化。本章着重探讨"营改增"对同业竞争对手上市公司价值的影响，探讨试点公司竞争对手股票市场"平均异常回报"的影响因素。由于旅游行业在传统营业税制下流转税征收办法与一般行业显著不同，而且该行业"营改增"一步到位，本章还将从市场角度以该行业上市公司样本考察该行业"营改增"的政策效应。

4.1 引言

2011年10月26日，国务院决定在部分地区和行业开展深化增值税制度改革试点，并逐步将征收营业税的行业改为征收增值税（以下简称"营改增"）。2011年11月16日，财政部、国家税务总局印发《营业税改征增值税试点方案》的通知，并制定了《交通运输业和部分现代服务业营业税改征增值税试点实施办法》、《交通运输业和部分现代服务业营业税改征增值税试点有关事项的规定》和《交通运输业和部分现代服务业营业税改征增值税试点过渡政策的规定》，自2012年1月1日起施行。

2012年1月1日起，在上海交通运输业和部分现代服务业开展首批次"营改增"试点。至2012年底，试点扩大至北京、天津、江苏、浙江、安徽、福建、湖北、广东、厦门和深圳10个省市，全年共5个批次。此前的"营改增"试点只在部分地区和部分行业展开，2013年8月1日起交通运输业和部分现代服务业的"营改增"试点在全国范围铺开。"营改增"试点是完善我国税制和深化经济体制改革的必然要求，具体包括税率、计税方式和试点期间过渡性政策安排等内容。

关于"营改增"，可以从宏观与微观、政策动因与政策后果、政府行为与企业行为等多个角度进行学术探讨。经典理论认为，"营改增"会对相关公司的税负产生影响,进而影响其价值。本文拟从微观角度(企业角度)研究此次"营改增"的政策后果,重点关注如下问题:同行业公司是否做出预期的市场反应?是表现为"传染效应"还是"竞争效应"?"营改增"效应的影响因素是什么?"营改增"政策的推出无疑给财务领域提供了一个难得的实证研究契机,具有重要的理论和实践价值。理论层面,本文研究可以丰富国内实证研究文献;实践层面,可以揭示我国税制改革的政策效应,为今后税制改革政策制定提供决策参考。

本文研究发现,"营改增"试点在交通运输业与现代服务业竞争对手上市公司间引发预期的市场反应:上海市、安徽省和江苏省、天津市、浙江省及湖北省三次"营改增"试点在同行业中引起"竞争效应",而其他两次试点统计检验不显著;进一步分析发现,影响"营改增"市场反应的主要因素是公司所属行业属性,而与"营改增"试点地区没有显著相关性。本文研究的主要贡献是丰富了国内微观视角实证税务研究文献,揭示了"营改增"试点市场反应主要因素。本文认为,"营改增"对于完善我国税制和促进交通运输业与现代服务业的发展具有作用。

本文以下部分结构如下:第二部分,文献综述;第三部分,研究假设;第四部分,研究设计;第五部分,实证结果;第六部分,旅游业"营改增"市场反应研究;第七部分,本章研究结论。

4.2　文献综述

由于"营改增"是我国税制建设和发展过程中特有的现象,国外罕见同类实证研究成果。国外实证税务研究主要集中在四大领域(Michelle Hanlon & Shane Heitzman, 2010):财务会计报告所得税费用的信息含量研究,企业避税研究,税收对公司投资、资本结构和公司组织形式选择等决策的影响研究,以及税收与资产定价研究,等等[1]。关于税制改革的股价效应,Downs & Hendershott(1987)研究发现,美国1986年的税制改革(Tax Reform Act of

---

[1] Michelle Hanlon. Massachusetts Institute of Technology. Shane Heitzman. University of A Review of Tax Research. Rochester, DRAFT: March 18, 2010. Working paper.

1986，TRA1986）使股价上升了 10%~13%，其中由于税率降低带来了 3% 的股价提升[①]。Givoly & Hayn（1991）分时段对 TRA1986 的市场反应作了检验，发现市场对新税法的颁布和通过会做出立刻反应，并且股票的超额回报率和公司预期税负显著负相关[②]。

  关于"营改增"的政策意义，高培勇（2012 年）认为，"营改增"绝非一般意义上的税制调整或税制改革举措，它预示着一场可能涉及整个财税体制以及整个经济社会体制的重大变革的到来。马海涛（2012）对"营改增"试点的地位给予充分肯定，认为六大税制改革中最受关注的是"营改增"试点，它不仅能为服务业及其他相关行业减轻税负，也显示出税制优化对生产方式的引导，有助于推动税收松绑后的第三产业迎来发展的黄金期。宋晓亮（2012）研究发现，"营改增"后将带动 GDP 增长约 0.5%，第三产业和生产性服务业增加值占比将分别提高 0.3% 和 0.2%，此外还能拉动居民消费增长，促进社会投资和出口增长，增加就业岗位。章雁（2012）发现，"营改增"导致小规模纳税人税负下降，幅度甚至达到 40%。贾康（2013）测算，上海市"营改增"一年减税 260 亿左右，全国减税量预计达到 3000 亿。潘文轩（2012）发现"营改增"从短期来看，服务行业的税负会呈现不平衡的波动情况，但长期来看，增值税扩围会使得服务业行业企业税负总体下降[③]。赵连伟（2015）抽样企业试点前后的效应采用双重差分模型进行实证分析，发现"营改增"通过降低企业税负拉动了企业成长能力。"营改增"的实施不仅大幅降低了相关企业的税收负担，而且使抵扣链条中断问题得到妥善的解决，企业的重复征税得到了消除，还能促进企业提高管理水平，能极大提高企业的经济效益（刘春梅，2016）。龙月娥、黄娉婷（2016）通过分析现有文献研究结论与产业界高管感受相悖的主要原因发现，官方统计数据包含了"营改增"试点的所有行业企业，而学者的研究样本局限于数据可得的某个或某几个行业的上市公司。通过各行业协会的调研发现，小型企业由于按 3% 的税

---

  ① Downs, Thomas, Hendershott, Patrick H., Stock Policy and Stock Prices[J]. National Tax Journal, 1987, 40（2）: 183-190.

  ② Givoly, Dan, and Carla Hayn. The aggregate and distributional effects of the tax reform act of 1986 on firm valuation[J]. Journal of Business, 1991（64）: 363-392.

  ③ 潘文轩. 增值税扩围改革有助于减轻服务业税负吗？——基于投入产出表的分析[J]. 经济与管理, 2012, 26（2）: 51-54.

率简易征收增值税，低于原来5%的营业税税率，因此在"营改增"税制改革中受益较大。与此同时，也有学者对"营改增"影响持与上述文献相反意见，龙月娥、黄娉婷（2016）就指出，"营改增"后企业税负不降反升，与"营改增"初衷相悖。田志伟、胡怡建（2013）通过构建CGE模型分析"营改增"前后各行业企业的税负动态变化，发现即使在短期内通过税率设计等方式使得扩围行业税负平衡，但长期来看，部分行业仍然会出现税负上升的现象[①]。龙月娥、黄娉婷（2016）通过按企业规模分类研究发现，（与小企业不同）大中型企业从原来的3%或5%的营业税税率转为征收更高的增值税率（交通运输业为11%，租赁服务业为17%），在目前没有全行业实施"营改增"的情况下，由于抵扣链条断裂等原因，税负不降反升。

进一步研究发现，产权性质、机构投资者、固定资产比例和人工成本占总成本比例高低等因素也对"营改增"后果产生重要影响。不同产权性质企业投资行为存在较大差异（翟胜宝等，2015）。"营改增"允许企业抵扣外购固定资产的进项税额，会刺激企业固定资产投资。国有企业管理层薪酬契约的激励不足，会导致国企的规模越大、扩张速度越快，其管理者得到升迁的机会也越多。与之相反，非国有企业受市场机制约束，固定资产投资要理性得多。因此，"营改增"可能会成为管理者盲目过度投资的借口，非国有上市公司的累计超常收益率CAR可能会显著高于国有上市公司。龙月娥、黄娉婷（2016）从机构投资者角度着手研究发现，所有证券市场整体（企业）都对"营改增"的实施给予了正向的反应，但反应强度在不同产权性质的试点企业间存在差异。"营改增"实施后，机构投资者显著增加了对国有试点企业的持股比例，但未对非国有试点企业进行增持。证券市场在"营改增"后对试点企业的估值显著提高，且对国有试点企业的估值提升幅度略高于非国有试点企业。国有企业与政府的关系更为密切，通常更易于获得"营改增"实施阶段的政策扶持性补助及享有税收优惠政策。"营改增"允许将新增不动产纳入抵扣范围，增加进项抵扣，导致产生减税叠加效应。曹越等（2016）认为固定资产密度高的企业对固定资产的依赖程度高，"营改增"有利于企业扩大有效投资。作者因此推断，"营改增"对固定资产占比高的企业是利好消

---

① 田志伟，胡怡建."营改增"对各行业税负影响的动态分析——基于CGE模型的分析[J]. 财经论，2013（7）：29-34.

息；另一方面，"营改增"带来的节税效应有利于增加企业内部积累，缓解外部融资约束，企业尽可能多地使用内部融资，在一定程度上降低了资本成本，因此企业会增加固定资产投入。由于"营改增"的直接后果是既影响相关企业的销售收入（价外税）也影响投入成本（同销售一样的原因），而人工成本往往不能抵扣，所以人工成本占比会影响增值税进项抵扣额。对于劳动密集型企业（如旅游企业），雇员规模较大，不像固定资产购置，除在购置时抵扣进项税，在后续的折旧环节亦可抵扣所得税。侯岭艳（2016）认为，由于人工成本暂未纳入增值税抵扣范围，因此劳动力成本对于增值税并没有税盾效应，进而会增加企业的负担。"营改增"扩围试点企业的人工成本占总成本比重较大，因此公司雇员规模越大，累计超额收益率越低[①]。曹越等（2016）研究发现非超额雇佣企业的市场反应更加积极，即人力成本比较低的企业对"营改增"市场反应更积极。

其他关于税制改革的股价效应研究主要有，万华林等（2012）以我国2009年增值税转型为基础，结合2008年公司所得税税制改革，检验了增值税转型过程中公司投资决策的价值相关性变化趋势。他们发现，增值税转型对投资价值相关性有影响，存在投资补贴的正面效应和所得税负面效应，并且所得税税率越低增值税转型对投资价值相关性的促进作用越大。王跃堂等（2009）研究发现，市场能够识别税率变化对公司价值的影响，市场对税率降低的公司给出了正面的反应[②]。国内实证研究成果也为上述"营改增"政策效应分析提供了经验证据，证券市场对于"营改增"这一重要税制改革做出了积极的反应（曹越等，2016；龙月娥、黄娉婷，2016）。但不同行业"营改增"的市场反应有差异。投资者对生活服务业持观望态度（曹越等，2016）。

行业效应概念往往与事件研究法紧密结合在一起，也是本文重要研究对象。一般地，一家公司发生的"事件"对其他上市公司股价产生影响的现象称为行业效应（Industry Wide Effects，林小驰，2008），或称之为信息迁移效应（Information Transfer Effects）、公司间效应（Inter-company Effect）和

[①] 侯岭艳."营改增"对旅游业的税负影响及对策分析[J].全国商情·理论研究，2016（21）：48-49.

[②] 王跃堂，王亮亮，贡彩萍.所得税改革、盈余管理及其经济后果[J].经济研究，2009（3）：86-98.

行业内效应（Intra-industry Effects）[①]。由于同行业公司在产品生产或服务、技术支持、营销渠道、资本结构和管理模式等方面存在高度的相关性或相似性，它们之间存在一定的关联度，因而同行业里一家公司（姑且称之为"事件公司"）事件的发生、决策的制定或者信息（合称为"事件"）的发布会对同行业的其他公司股价产生影响。根据行业里其他公司对"事件"的反应与"事件公司"对"事件"的反应是否一致，将行业效应区分为"传染效应（Contagion Effects）"和"竞争效应（Competition Effects）"：当同行业其他公司对"事件"的反应与"事件公司"对"事件"的反应相一致时，我们称之为"传染效应"；而当同行业其他公司对"事件"的反应与"事件公司"对"事件"的反应相反时，人们称之为"竞争效应"。关于行业效应的经典文献很多，如以公司财务信息公告（Foster，1981）、股票回购公告发布（Gayle R. Erwin and James M. Miller，1998）和漏油事件（Pattena and Nance，1998）等为题材撰写的实证研究论文。

关于似无相关回归（seeming unrelated regression）研究方法，Otchere and Chan（2003）研究澳大利亚联邦银行（the Commonwealth Bank of Australia，CBA）私有化对其自身和同行业竞争对手绩效的影响发现，CBA主要竞争对手对私有化反应为负，其中第一次私有化公告和全部完成私有化公告负向反应更加显著。Chen，Li et al（2005）研究"中银香港"部分私有化进程中香港和内地已经上市金融公司对诸如重组法案通过、重组计划、中国入世和"中银香港"上市等12个关键事件的市场反应发现，"中国入世"事件三个组合的市场反应显著为负，而大陆金融机构组合市场反应显著为正。林小驰、王立彦（2008）主要通过市场对于中国银行上市过程中关键事件公告（如IPO聆讯、宣布上市）的反应来研究银行上市的行业效应，并从"竞争效应"和"监管效应"角度对上述关键事件的市场反应进行了解释。他们还研究了规模、盈利能力、风险、地点和行业等因素对金融业上市公司市场反应的影响，发现上市地点对超额回报有显著影响。

尽管上述文献极少与税收相关，但是我们可以借鉴该研究方法。本文在整理已有文献的基础上，主要用事件研究法研究相关公司股票的异常回报

[①] 林小驰.银行业股权改革：绩效、行业效应及盈余管理[D].北京大学博士学位论文，2008：20.

与行业效应,并运用多元线性回归模型研究影响这些公司平均异常回报的因素。

4.3 研究假设

经典理论认为,现实世界中税收是影响公司价值的重要因素之一。Zeng 等(2006)通过在 F-O(Feltham & Ohlson,1995)模型中加入所得税因素的方法研究税收对公司价值的影响,发现公司价值为会计价值底线(the Bottom Line Accounting Value)与未来所得税现值的差额。税负降低预期引起公司价值上升,而税负增加预期引起公司价值下降。Downs & Hendershott(1987)研究发现,美国 1986 年的税制改革(Tax Reform Act of 1986,TRA1986)使股价上升 10%~13%,其中税率降低带来 3% 的股价提升。Givoly & Hayn(1991)也以 TRA1986 为对象研究股票的市场反应,发现股票的超额回报率和公司预期税负显著负相关。国内万华林等(2012)以我国 2009 年增值税转型为基础,结合 2008 年公司所得税税制改革,检验了增值税转型过程中公司投资决策的价值相关性变化趋势[①]。他们发现,增值税转型对投资价值相关性有影响,存在投资补贴的正面效应和所得税负面效应,并且所得税税率越低增值税转型对投资价值相关性的促进作用越大。王跃堂等(2009)研究中国资本市场发现,我国市场能够识别税率变化对公司价值的影响,市场对税率降低的公司给出了正面的反应。

"营改增"不是普遍增税或减税,而是结构性减税,是通过优化税制结构来消除重复课税因素,延伸统一市场公平竞争环境中的抵扣链条,鼓励有潜力、有能力作专业化细分的企业放开手脚,通过技术革新升级换代,提升核心竞争力,进而产生经济结构优化、服务性价比提升、提振消费、扩大内需等一系列正面效应(贾康,2013)。从 2012 年初起的"营改增"试点包括税率、计税方式和试点期间过渡性政策安排等内容,它将对相关公司的税负乃至价值产生影响。鉴于我国资本市场已经处于由弱势有效向半强势有效变化过程之中,"营改增"将对同业竞争对手股票市场表现产生影响。在交通运输

---

① 万华林,朱凯,陈信元.税制改革与公司投资价值相关性[J].经济研究,2012(3):65-75.

业和部分现代服务业进行"营改增"试点将向这些行业竞争对手公司传递两种信号：第一，试点公司优先享受好处，对它们自身而言意味着"利好"消息，而对其竞争对手而言则意味着"利空"，因此竞争对手上市公司股票市场反应显著为负（上市公司股票异常回报显著小于0）；第二，对一部分公司进行试点，对全行业公司都意味着"利好"消息，从而引发"传染效应"，所以竞争对手上市公司股票市场反应显著为正（上市公司股票异常回报显著大于0）。由此我们在这里提出本文的第一个研究假设（H1）：

H1："营改增"对同业竞争对手股票市场回报产生影响。

H1a："营改增"导致同业竞争对手上市公司股票异常回报显著为正（传染效应）。

H1b："营改增"导致同业竞争对手上市公司股票异常回报显著为负（竞争效应）。

一般地，多个因素都可能影响到上市公司股票收益，宏观因素如经济周期、通货变动、国际金融市场、利率、存款准备金率、税收和产业政策等，微观经济因素如公司业绩、公司成长性、行业和公司资产收购与重组等。根据樊其国（2013）的研究，"营改增"导致交通运输业和有形动产租赁服务业的税负略为上升，研发和技术服务、信息技术服务、物流辅助服务、文化创意服务业和鉴证咨询服务的平均税负稍有下降。所以，与交通运输业公司相比，"营改增"给现代服务业试点公司带来更多的好处，相应地其同业竞争对手公司受到的冲击更大，因而"竞争效应"更显著。综上，我们提出本文第二个研究假设（H2）：

H2：在其他条件相同的情况下，与交通运输业相比现代服务业因"营改增"引发的竞争效应更加显著。

4.4 研究设计

（1）数据来源与样本选择

本文所用股票市场数据、个股交易数据和财务数据来自于CSMAR数据库，"营改增"试点的信息来自新浪财经及各类媒体的公开报道。

本文涉及的"营改增"试点上市公司共101家，其中交通运输业47家，现代服务业 54 家。根据中国证监会行业分类标准，这里交通运输业具体包括公路运输业、水上运输业、管道运输业、航空运输业、交通运输辅助业、其他交通运输业和仓储业，这里现代服务业具体包括公共服务设施服务业、邮政服务业、专业科研服务业、餐饮业、旅馆业、租赁服务业和其他社会服务业。初步统计，2012 年 5 批次"营改增"试点行业分布如表 4-1：

表 4-1 "营改增"试点公司行业分布比率表

试点批次	2012.1.1	2012.9.1	2012.10.1	2012.11.1	2012.12.1
交通运输业①	9	4	9	17	8
现代服务业②	10	12	9	16	7
比率：①÷（①+②）	47.37%	25.00%	50.00%	51.52%	53.33%

（2）研究方法

本文研究需要运用两类模型，分别反映"营改增"引起的同业竞争对手股票市场异常回报及其影响因素。

①股票市场异常回报模型与变量。

$$R_{it} = a_i + \beta_{i1} R_{mt} + \beta_{i2} R_{mt-1} + \beta_{i3} R_{mt+1} + \lambda_i D_{it} + e_{it} \qquad ①$$

R_t 是"营改增"上市公司同业竞争对手投资组合在 t 日的回报率。$R_{m,t}$ 是市场 t 日的回报率，即考虑现金红利再投资的综合日市场回报率（流通市值加权平均法）。$R_{m,t}$ 用来控制整体股市变动的，$R_{m,t-1}$ 和 $R_{m,t-1}$ 提前一期和滞后一期是为了修正非同时性交易的影响（Chen et al，2005）[1]。D_{it} 是反映"营改增"信息发布的哑变量，在事件窗内取 1，在事件窗外取 0。

λ 表示了"营改增"上市公司同业竞争对手投资组合在相应事件窗内的日异常回报，也就是"营改增"公告引起的同业竞争对手上市公司的反应。若该"营改增"公告对于同业竞争对手上市公司未来的盈利能力有负向影响，那么这个系数应当小于 0，反之则大于 0。

由于本文样本在同一时间受同一"营改增"事件影响，不能直接使用传

---

[1] Chen, Z., Li, D., Moshirian. China's Financial Services Industry: The Intra-industry Effects of Privatization of the Bank of China Hong Kong[J]. Journal of Banking and Finance, 2005 (29): 2291-2324.

统事件研究方法。借鉴 Otchere（2003）[①]，Chen et al（2005）与林小驰（2008）的研究方法，并使用 Zellner's 1962 提出的联立方程回归方法中的近似无相关回归 SUR 方法。

本文估计期是 –240 到 –1 日。

②竞争对手股票市场平均异常回报影响因素模型与变量。本文用模型②（同 Chen et al，2005；林小驰、王立彦，2008）研究竞争对手股票市场平均异常回报影响因素，模型因变量为"营改增"引起的同业竞争对手组合平均异常回报，自变量 $\ln(MV_{i,t-1})$、$ROE_{i,t-1}$ 和 $DE_{i,t-1}$ 分别控制规模、盈利能力和风险对竞争对手组合股票市场平均异常回报的影响，其中 $\ln(MV_{i,t-1})$ 为日个股流通市值自然对数，$ROE_{i,t-1}$ 为相关公司净资产回报率，$DE_{i,t-1}$ 为相关公司负债权益比率。$D_{Loc,i}$ 为反映"营改增"试点地区（或称批次）的哑变量，$D_{Industry,i}$ 为反映"营改增"行业的哑变量（现代服务业为 1，交通运输业为 0）。

$$AR_{I,T} = \alpha + \beta_1 \ln(MV_{i,t-1}) + \beta_2 ROE_{i,t-1} + \beta_3 DE_{i,t-1} + \beta_4 D_{Loc,i} + \beta_5 D_{industry,i} + e_{i,t-1} \qquad ②$$

4.5　实证结果

（1）"营改增"竞争效应统计检验

通过似无相关回归分析，我们发现，在 2012 年 5 个批次"营改增"试点中，上海市首批次试点，安徽和江苏第三批次试点，天津、浙江和湖北第五批次试点，事件窗口期（–6，+6）$D_{i,t}$ 变量系数均在 0.05 水平上显著为负，详细情况见表 4-2。该实证检验结果表明，"营改增"试点产生了政策后果，在试点行业引起竞争效应。因为"营改增"使交通运输业和现代服务业试点公司直接受益，同业竞争对手公司由于没有同步试点而利益受损，所以其市场反应显著为负，从而证明本文假设 H1b 成立。

从表 4-2 中我们发现事件窗口期（–6，+6）模型 2 和模型 4 的 $D_{i,t}$ 系数

[①] Otchere, I., Chan, J.. Intra-industry Effects of Bank Privatization: A Clinical Analysis of the Privatization of the Commonwealth Bank of Australia[J]. Journal of Banking and Finance，2003（27）：949–975.

统计检验不显著，表明这两个地区"营改增"信息发布并没有引起其同业竞争对手股票市场回报发生显著变化。主要原因是：第一，北京市此次"营改增"试点交通运输业与现代服务业公司占比与其他地区不同（见表4-1），其交通运输业公司仅占25%。因为"营改增"给不同行业带来的影响不同（樊其国，2013），所以此次"营改增"试点信息对其行业竞争对手影响也可能不同。第二，尽管广东、深圳等地"营改增"涉及交通运输业公司比例与上海等地相近（见表4-1），但是广东、深圳等地产业结构和企业规模与其他地区（特别是上海地区）明显不同，这里服务业发达，中小企业数量众多，上市公司对同业竞争对手的影响相对较小。为进一步厘清该问题，我们在下面的研究中进行多元线性回归分析，研究企业规模、地域分布和行业等因素对同业竞争对手平均异常回报的影响。

（2）平均异常回报影响因素统计检验

通常，研究上市公司市场反应的影响因素，需要在模型中加入规模、盈利能力和风险等控制变量（Chen et al.，2005）。此外，我们在模型中加入了行业哑变量（交通运输业亚变量取0，现代服务业取1）和"营改增"试点地点变量。相关系数表4-3揭示，在（-6，+6）事件窗口期 $D_{industry,i}$（交通运输业取0，现代服务业取1）与 $A\bar{R}_{I,T}$（平均异常回报）在10%水平显著负相关。控制规模、盈利能力和风险等因素，发现这两个变量在1%水平显著负相关。因此，本文第二个假设得到证实。

（3）稳健性检验

为了检验本文结论的可靠性，我们又选择（-5，+5）事件窗口期进行实证分析，得到与（-6，+6）事件窗口期一样的实证结果，再次证明本文第一个假设和第二个假设均成立。本部分似无相关回归分析结果见表4-2第三列，本部分回归分析结果见表4-4第三列。

表4-2 似无相关回归（SUR）结果统计表

事件窗口	(-6, +6)					(-5, +5)				
变量	$Model_1$	$Model_2$	$Model_3$	$Model_4$	$Model_5$	$Model_6$	$Model_7$	$Model_8$	$Model_9$	$Model_{10}$
α	0.0001 (0.31)	0.0001 (0.43)	0.0002 (0.68)	0.0000 (0.11)	0.0002 (0.57)	0.0001 (0.33)	0.0001 (0.41)	0.0002 (0.56)	0.0001 (0.15)	0.0002 (0.54)

续表

事件窗口	(-6, +6)					(-5, +5)				
变量	$Model_1$	$Model_2$	$Model_3$	$Model_4$	$Model_5$	$Model_6$	$Model_7$	$Model_8$	$Model_9$	$Model_{10}$
$R_{m,t+1}$	0.0110 (0.50)	-0.0015 (-0.06)	-0.0016 (-0.07)	-0.0009 (-0.04)	-0.0026 (-0.11)	0.0119 (0.54)	-0.0017 (-0.07)	-0.0035 (-0.16)	-0.0010 (-0.40)	-0.0020 (-0.08)
$R_{m,t}$	0.0788 (3.56)***	0.1024 (4.36)***	0.1051 (4.63)***	0.1126 (4.56)***	0.1206 (4.94)***	0.0785 (3.56)***	0.1023 (4.36)***	0.1033 (4.54)***	0.1126 (4.56)***	0.1201 (4.92)***
$R_{m,t-1}$	0.0919 (4.13)***	0.0909 (3.80)***	0.0978 (4.32)***	0.0907 (3.67)***	0.0801 (3.29)***	0.0923 (4.16)***	0.0910 (3.80)***	0.0990 (4.34)***	0.0907 (3.67)***	0.0808 (3.32)***
$D_{i,t}$	-0.0029 (-2.16)**	0.0001 (0.04)	-0.0029 (-2.12)**	-0.0009 (-0.06)	-0.0028 (-2.03)**	-0.0033 (-2.36)**	0.0002 (0.12)	-0.0024 (-1.66)*	-0.0004 (-0.28)	-0.0029 (-1.98)**
adj-R^2	0.106	0.102	0.132	0.103	0.121	0.109	0.102	0.126	0.103	0.120
F	8.290	7.98	10.3	8.07	9.48	8.53	7.98	9.81	8.09	9.41
N	247	247	247	247	247	247	247	247	247	247

注：①这里 $Model_1$、$Model_2$、$Model_3$、$Model_4$ 和 $Model_5$ 分别对应 2012 年第一、第二、第三、第四和第五批次"营改增"试点。② *** 表示在 1% 水平显著，** 表示在 5% 水平显著，* 在表示在 10% 水平显著。

表 4-3 "营改增"试点公司行业竞争对手平均异常回报影响因素相关系数表

	$\bar{AR}_{I,T}$	$DE_{i,t-1}$	$ROE_{i,t-1}$	$\ln(MV_{i,t-1})$	$D_{Industry,i}$	$D_{loc,t}$	$D_{loc,b}$	$D_{loc,a}$	$D_{loc,g}$
$\bar{AR}_{I,T}$	1.0000	-0.04887 (0.5553)	0.17906 (0.0294)**	-0.03574 (0.6663)	-0.15952 (0.0528)*	-0.05988 (0.4697)	-0.06101 (0.4614)	0.06997 (0.3981)	0.04455 (0.5908)
$DE_{i,t-1}$		1.0000	-0.85173 (0.0001)	0.02947 (0.7222)	-0.09530 (0.2493)	0.24653 (0.0025)***	-0.06846 (0.4084)	-0.03427 (0.6792)	0.03593 (0.6646)
$ROE_{i,t-1}$			1.0000	0.04639 (0.5755)	0.06707 (0.4180)	-0.25602 (0.0017)*	0.03023 (0.7153)	0.03275 (0.6928)	0.03217 (0.6979)
$\ln(MV_{i,t-1})$				1.0000	-0.19720 (0.0163)**	0.07730 (0.3504)	0.19120 (0.0199)**	-0.04335 (0.6008)	0.11022 (0.1824)
$D_{industry,i}$					1.0000	-0.00129 (0.9875)	0.17484 (0.0336)	-0.04978 (0.5479)	-0.07318 (0.3767)
$D_{loc,t}$						1.0000	-0.10421 (0.2075)	-0.10421 (0.2075)	-0.14326 (0.0824)
$D_{loc,b}$							1.0000	-0.11278 (0.1723)	-0.15503 (0.0599)

续表

	$\overline{AR}_{I,T}$	$DE_{i,t-1}$	$ROE_{i,t-1}$	$\ln(MV_{i,t-1})$	$D_{Industry,\,i}$	$D_{loc,t}$	$D_{loc,b}$	$D_{loc,a}$	$D_{loc,g}$
$D_{loc,a}$								1.0000	−0.15503 (0.0599)*
$D_{loc,g}$									1.0000

注：①本表右上为 pearson 相关系数。② *** 表示在 1% 水平显著，** 表示在 5% 水平显著，* 在表示在 10% 水平显著。

表 4-4 "营改增"试点公司竞争对手平均异常回报影响因素回归结果统计表

变量	(−6, +6)			(−5, +5)		
	β	t	p	β	t	p
C	0.0027	1.05	0.2972	0.0026	0.83	0.4055
$DE_{i,t-1}$	0.0002	1.98	0.0493	0.0003	2.44	0.0160
$ROE_{i,t-1}$	0.0038	3.20	0.0017	0.0048	3.31	0.0012
$\ln(MV_{i,t-1})$	−0.0002	−1.35	0.1803	−0.0003	−1.22	0.2234
$D_{Industry,\,i}$	−0.0015	−3.48	0.0007	−0.0011	−2.17	0.0321
$D_{tianjin,\,i}$	−0.0002	−0.31	0.7590	−0.0003	−0.29	0.7688
$D_{beijing,\,i}$	−0.0004	−0.52	0.6073	−0.0001	−0.15	0.8816
$D_{anhui,\,i}$	−0.0013	−1.82	0.0704	−0.0009	−1.12	0.2633
$D_{guandgong,\,i}$	−0.0002	−0.37	0.7149	−0.0001	−0.09	0.9312
F	3.53		0.0010	2.26		0.0266
adj-R^2	0.1209			0.0642		

注：本表样本数 N=147。

4.6 旅游业"营改增"市场反应研究

本章除了根据"营改增"试点期间样本做了行业效应研究，还就 2016 年税改全面推开"事件"针对旅游行业上市公司进行了市场反应研究[①]。鉴于本

---

① 计金标，陆勇，等. 旅游业营改增税制设计和相关政策问题研究报告，2017.

章篇幅所限，仅列示主要研究结果。

（1）累计超额收益率

以2016年3月24日财政部、国家税务总局发布《关于全面推开营业税改征增值税试点的通知》（财税〔2016〕36号）（以下简称《通知》）为事件日，计算全样本[-5, 5]内的累计超额收益率，实证结果如表4-5所示。

表4-5 [-5, 5] CAR与CAR的变动趋势

T	N	均值	标准差	标准误差	最小值	最大值	t值	Pr > |t|
-5	32	0.01	0.02	0.00	-0.04	0.06	2.90**	0.01
-4	32	0.02	0.03	0.01	-0.07	0.08	3.42***	0.00
-3	32	0.01	0.03	0.01	-0.06	0.06	1.74*	0.09
-2	32	0.02	0.05	0.01	-0.08	0.13	2.18**	0.04
-1	32	0.01	0.05	0.01	-0.10	0.13	1.62	0.12
0	32	0.02	0.05	0.01	-0.09	0.14	1.83*	0.08
1	32	0.02	0.06	0.01	-0.11	0.14	1.66	0.11
2	32	0.03	0.06	0.01	-0.13	0.15	2.77**	0.01
3	32	0.01	0.06	0.01	-0.18	0.13	1.17	0.25
4	32	0.00	0.06	0.01	-0.21	0.09	0.23	0.82
5	32	0.01	0.06	0.01	-0.19	0.11	0.95	0.35

注：***、**和*分别表示在1%、5%和10%水平显著。

从表4-5中可以看出，事件日前几天市场反应显现，说明《通知》颁布的消息可能已经泄露，部分投资者提前获悉。公告日的累计异常收益率为1.789%，上升到6.021%最高点之后又出现了两次负超额回报，对之前的预期做了反向修正，超额收益率有所回落，说明"营改增"全面铺开这一消息逐步被市场消化。上述结果表明《通知》颁布期间股票市场出现了显著正向市场反应。

（2）累计超额收益率影响因素研究

本章在对各项数据进行标准化处理后还剩32家上市公司，表4-6是这32家公司[-5, +5]窗口期的CAR值和2015年财务数据的描述性统计，表4-7是变量相关系数表。

①主要变量的描述性统计。

表 4-6 主要变量的描述性统计

Variable	N	Mean	Min	p25	p50	p75	Max	Sd
Car	32	−0.003	−0.064	−0.030	−0.0040	0.015	0.121	0.0410
State	32	0.800	0	1	1	1	1	0.410
Capint	32	0.345	0.100	0.198	0.342	0.478	0.701	0.165
Em	32	12.94	14.42	13.33	12.94	12.35	11.56	0.811
Lev	32	0.319	0.0500	0.211	0.270	0.409	0.642	0.172
Growth	32	0.096	−0.081	−0.002	0.059	0.102	1.007	0.228
Size	32	21.63	18.47	20.78	21.48	22.22	25.47	1.429
BM	32	0.408	0.0200	0.170	0.314	0.481	1.781	0.389
Beta	32	1.128	0.999	1.055	1.102	1.191	1.400	0.103
Roe	32	0.0540	−0.0970	0.0140	0.0670	0.101	0.145	0.0620

表 4-6 列出了各主要变量描述性统计结果，主要反映各主要变量的平均数、中位数、最大值、最小值、上下四分位数及标准差。从表 4-6 中可以看到，经过严格筛选后所得到的 32 家旅游上市公司样本在 [−5, +5] 窗口期累计超额回报率（CAR）的均值为 −0.003，人力成本（EM）的均值为 12.94，表明《通知》公布前后 5 天以内旅游上市公司没有获得超额收益。这种现象可以通过上面的分析得到解释，公告日的累计异常收益率为 1.789%，上升到 6.021% 最高点之后又出现了两次负超额回报，是对之前的预期做了反向修正，超额收益率有所回落。虽然市场对"营改增"做出了积极反应，但是超额收益在 10 天时间内得到稀释。股权性质（State）均值为 0.8，中位数为 1，说明样本中有 80% 的观测值最终控制人为国有企业。公司规模指数（Size）的最大值为 25.47，最小值为 18.47。固定资产密度（Capint）均值为 0.345，说明总体而言，样本中旅游业上市公司固定资产占总资产比重为 38%，而且中位数与均值接近，样本没有呈现偏态分布。盈利能力（ROE）的最大值为 0.145，最小值为 −0.097，总体上样本较为合理，满足进一步实证分析的要求。

②主要变量相关系数分析。本章主要变量相关性分析结果如表 4-7 所示。企业的累计超额收益率 CAR 与股权性质 State 之间存在显著的负相关关系，

初步说明相比于国有企业，市场将"营改增"视为非国有企业的利好消息。企业的累计超额收益率 CAR 与成长能力 Growth、账面市值比 BM、企业规模 Size 以及雇员规模 EM 显著负相关，说明企业成长能力越高、企业规模与雇员规模越大的企业，投资者越不看好。企业的累计超额收益率 CAR 与固定资产密度 Capint 显著正相关，说明固定资产密度高的上市旅游公司的累计超常收益率较高，投资者认为"营改增"对于固定资产较多的旅游类企业来说是利好消息。

表 4-7 主要变量的相关性系数

	CAR	LEV	Growth	Size	Capint
CAR	1.00				
Lev	0.03	1.00			
Growth	−0.42*	−0.07	1.00		
Size	−0.62***	0.36	0.06	1.00	
Capint	0.59***	0.09	−0.20	−0.48**	1.00
BM	−0.50**	0.60***	0.09	0.83***	−0.28
Beta	0.34	0.45**	−0.01	−0.08	0.13
ROE	−0.38	−0.27	0.08	0.55**	−0.22
State	−0.57***	0.09	0.30	0.38*	0.06
EM	−0.60***	−0.25	−0.31	−0.69***	−0.62***

续表：

	BM	Beta	ROE	State	EM
BM	1.00				
Beta	0.01	1.00			
ROM	0.21	−0.22	1.00		
State	0.34	−0.34	0.38*	1.00	
EM	0.37	−0.14	0.68***	0.15	1.00

注：*、**和***分别表示10%、5%和1%的显著性水平。

③回归分析。表 4-8 显示，当以企业的累计超额收益率 CAR 为被解释变

量时，股权性质（State）的系数为 -0.050，且在 10% 的水平上显著。这说明，股权性质（State）与企业的累计超额收益率 CAR 之间在 10% 水平上呈显著负相关关系。说明在《通知》公布期间，非国有上市旅游公司的累计超常收益率 CAR 显著高于国有上市旅游公司。

固定资产密度（Capint）的回归系数为 0.105，在 10% 水平上与累计超额收益率（CAR）显著正相关，说明固定资产较多的旅游企业，更被投资者看好。

雇员（EM）的系数为 -0.007，在 10% 水平上不显著，与其他类似研究结果不一致。这种情况的出现可能与旅游业上市公司较少、样本量不足有关。

表 4-8 多元回归分析结果

CAR	Coef.	Std. Err.	t	P>|t|	95%Conf.	Interval
Capint	0.105*	0.056	1.87	0.091	-0.020	0.231
State	-0.050*	0.023	-2.14	0.058	-0.102	0.002
EM	-0.007	0.025	-0.30	0.767	-0.064	0.049
LEV	0.041	0.095	0.43	0.677	-0.171	0.253
Growth	-0.024	0.040	-0.63	0.544	-0.113	0.063
Size	-0.003	0.018	-0.20	0.844	-0.453	0.037
BM	-0.021	0.038	-0.54	0.602	-0.107	0.066
Beta	0.025	0.088	0.29	0.781	-0.171	0.222
ROE	0.117	0.186	0.63	0.541	-0.297	0.533

注：*、**、*** 分别表示 10%、5% 和 1% 的显著性水平。

4.7 本章研究结论

2012 年在我国部分省市交通运输业和部分现代服务业实行的"营改增"试点使这些行业上市公司税负发生不同程度的变化，并影响其公司价值。从行业效应角度来看，此次"营改增"使试点公司受益，其税负降低，而其同行业暂未实施税改的公司则不能享受这样的好处,因而对这些同业竞争公司而言"营改增"试点消息是个坏消息,因而其股票市场反应为负,即"营改增"试点在同行业引起"竞争效应";进一步研究发现,"营改增"试点同业竞争对手公司的平均异常回报主要受公司规模、盈利能力、风险和行业等因素影响;现代服务业因"营改增"引发的"竞争效应"比交通运输业更加显著。上述研究结论在(−6,+6)窗口成立,通过稳健性检验发现该结论在(−5,+5)窗口也成立。本文研究表明,实行"营改增"能够促进试点行业发展,实现预期的税收改革政策目标。本文研究也丰富了国内实证税务研究文献。

第5章 "营改增"财务效应研究

税收负担无疑对企业财务业绩产生负面作用，并为人们高度关注。研究人员试图准确衡量企业税收负担，但是许多努力都是徒劳的。因为常用数据库都不提供企业具体税收负担资料，所以企业外部（包括研究人员）根本无法比较准确地计量企业实际税收负担。本章在研究"营改增"对企业税收负担的影响时也遭遇上述获取数据困境。经过调整研究思路，本章从"营改增"影响企业业绩评价角度入手，基于中介效应考察"营改增"对企业综合财务绩效的影响。研究发现，该作用的作用机制在 70% 的水平上是通过财务杠杆中介传导的。由于营业税是价内税，其相关税费计入"营业税金及附加"等科目，增值税是价外税，会计核算时实行价税分离，因此以"营业收入"为绩效考核目标的企业在"营改增"以后业绩压力应该增大。

5.1 基于"营改增"视角的样本公司财务分析

企业财务绩效是企业在一定经营期间的经营成果，也可以认为是企业员工和经营者在此期间的工作业绩。一般认为，企业财务绩效主要包括盈利能力，偿还长、短期债务能力，资产营运能力，风险管理能力和未来发展能力 5 个方面。

盈利能力是指企业综合运用各种资源获取利润的能力，通常表现为企业在一定期间获利数额的大小，更进一步可以认为是企业实现资本保值和增值的能力。反映企业盈利能力的指标主要有总资产报酬率、净资产收益率、营业利润率、成本费用利润率和盈余现金保障倍数。偿债能力是指企业用其资金偿还长期债务与短期债务的能力。现代企业多开展负债经营，能否及时偿还即将到期的债务关系到其是否能够生存和发展。一般认为，偿债能力不仅反映了企业财务状况，而且能反映其经营能力。通常，衡量企业偿债能力的指标主要有流动比率、速动比率、现金比率和资产负债率。资产营运能力是指企业运用各项资产赚取利润的能力。资产营运能力有广义和狭义之分：广义的营资产运能力是企业运用所有要素（包括人力资源、物力资源、财务资源、管理资源和信息资源等）能产生的效果；狭义的资产营运能力仅指企业运用资产所能实现的效果。通常，反映企业资产营运能力的财务业绩指标有应收账款周转率、存货周转率、流动资产周转率和总资产周转率等。风险管理能力是指企业应对经营中各种内外部不确定性因素可能带来的不利影响的能力，主要用经营杠杆和抗财务杠杆加以衡量。未来发展能力是指企业扩大经营规模和增强综合经济实力的能力。一般用营业收入增长率、总资产增长率、资本保值增值率、资本积累率、技术投入比率、营业收入三年平均增长率和资本三年平均增长率等指标加以衡量。20 世纪 70 年代起，投资报酬率、销售净利率、每股收益、现金流量和内部收益率等成为常用财务绩效评价指标。

以上个别指标只能反映企业财务绩效的某个侧面。为了综合评价企业财务绩效，国内外出现了许多综合财务绩效评价体系。比如，20 世纪杜邦公司首创了"杜邦财务分析体系"，用以揭示企业综合财务绩效（指标）变动的原因。该财务指标体系的出现无疑是企业绩效评价工作的一个巨大进步。后来，斯图尔特咨询公司提出基于经济增加值（Economic Value Added，EVA）模型的企业绩效评价体系。它是企业经过调整后的净利润减除其持有资产经济价值的机会成本后的余额，反映投资者投入资本的成本因素。随着市场竞争的加剧，人们逐步认识到简单、机械地运用财务指标将导致企业行为短视而无法顾及长远发展。比如，Christopher 等通过实证研究发现，同等条件下采用包含财务指标与非财务指标的绩效评价模型的企业比未采用该模型的其他同类企业有更好的股票市场表现[1]。Kaplan 等则将平衡计分卡引入企业绩效评价领域，它将企业绩效划分为财务、客户、内部流程和学习创新 4 个维度，能兼顾长期与短期因素、财务与非财务因素、外部与内部因素[2]。

我国企业财务绩效衡量与评价在改革开放之前就已经产生，但当时其功能定位是加强政府对国有企业的管理，保证企业实现政府设定的目标而采取的一项措施，而不是为了增强企业的实力和完善企业经济资源配置。改革开

---

[1]　Christopher. The Welfare Cost of Capital Income Taxation in a Growing Economy[J]. Journal of Political Economy，2001，89（3）：468-496.

[2]　Kaplan R S，Norton D P. Putting the balanced score card to work [J]. Harvard Business Review，1993，71（5）：134-140.

放前，我国企业主要以单一的财务指标来评价企业的财务绩效。比如，企业推行以"班组核算"为基础，以产品产量、产品质量和资源消耗量等实物指标为绩效考核核心。改革开放以后，我国企业开始逐渐采用综合财务绩效评价指标体系。比如：2006年，财政部对原先出台的《企业财务通则》[①]（1995）进行了大幅度的修改，出台《企业经济效益评价指标体系（试行）》，该试行指标体系包括利润率、总资产报酬率、资本收益率、资本保值增值率、资产负债率、流动比率（或速动比率）、应收账款周转率、存货周转率、社会贡献率、社会积累率10项指标。又如，1999年财政部、国家经贸委、国家计委和人事部等颁布实施了《国有资本金绩效评价规则》与《国有资本金绩效评价操作细则》，确立了以资产收益率为核心的32个财务指标，从企业财务效益、企业偿债能力、企业资产运营能力和企业发展能力4个方面对企业进行全方面的评价。再如，2009年国资委修订《中央企业综合绩效评价管理暂行办法》，规定用EVA取代净资产收益率指标。

综上所述，企业财务绩效衡量和评价指标与方法体系呈现多样性、复杂性和动态性等特点。其中，资产收益率和收入净利率是学术界和实业界应用极其广泛的财务业绩指标，这些指标越高表明企业资产利用效果越好，说明企业在收入创造或资源节约等方面取得了良好的效果，反之亦然。在实际运用中，公司管理者基于战略管理视角，非常关注它们。他们在财务分析与诊断过程中将这些指标与同行业的其他企业进行横向比较，或者与其自身历史数据进行纵向比较。经验告诉人们，若某家企业的资产收益率或收入净利率在一个会计年度的前三个季度持续下降，而在第四个季度却突然上升的时候，就应当对其盈利性给予足够关注。本章将收入净利率作为综合财务业绩指标，并将其作为实证研究被解释变量。与此同时，主要从税务视角分析企业财务业绩的影响因素及传导路径。

---

① 2006年12月4日，财政部颁发新《企业财务通则》（财政部令第41号），该通则于2007年1月1日起施行。

5.2 "营改增"对样本公司财务绩效影响路径分析

税收作为影响企业的外部机制,对企业财务业绩、资金约束和公司治理等方方面面产生影响。概括地说,税收(税收变动)对公司财务业绩的影响主要体现在两个方面:第一,缴纳税费直接导致公司净利润降低;第二,纳税将影响企业可支配现金流量,通过资本结构、资金约束等影响企业的战略制定和经营活动的开展,进而影响财务绩效。

5.2.1 "营改增"对企业盈利能力的影响

一般地,企业经营目标是实现价值最大化或盈利。其中,衡量企业盈利能力最主要、最直观的指标是净利润。借助方程式,作为一般纳税人企业的净利润可以表示为:

净利润 = 营业收入 − 营业成本 − 营业税金及附加 − 所得税费用　　公式 5-1

从上述公式 5-1 不难看出,营业税金及附加并未包含在营业成本中。假定在实施"营改增"后某公司商品或服务销售数量和单价均保持与此前相同,对公式右边的内容逐项进行分析:"营改增"后企业获得的营业收入中不包含增值税,此时企业销售取得的价税款高于入账收入,换言之,企业营业收入减少;企业的营业成本包含的内容较多,在实施"营改增"后有的成本费用是能够抵扣的,营业成本会降低;在实施"营改增"后,企业营业税金大幅降低了,而城建税及教育费附加由于受到消费税、增值税额影响,也会发生明显变化。可见,"营改增"后等式右边的被减数和减数都可能发生变化,差值(对应于等式左边的净利润)可能比"营改增"前增大,也可能减少,甚至可能不变。但是,无论如何,"营改增"对企业盈利能力产生影响的概率增大。也就是说,"营改增"很可能导致企业盈利能力发生变化。

5.2.2 "营改增"对企业投资与营运资本能力的影响

国家进行"营改增"的政策动因是实行结构性减税,促进我国经济转型升级,使我国经济在更长时期内保持持续、高质量增长。在实施"营改增"以后,一般纳税人购置固定资产进项税可抵扣,这类企业在进行投资决策时可能会考虑大幅增加固定资产投资比重。与此同时，"营改增"还会促进这些企业开展技术创新，提高生产效率。由于企业固定资产投资回收期较长，实施"营改增"后，企业增加固定资产投资是否能实现预期的长期投资效应具有一定的不确定性，有待进一步检验。但是，"营改增"短期投资效应十分明显。比如，它能够显著加快企业设备更新速度；涉税流出现金流量的减少在一定程度上导致营运资本增加，进而增强企业资产的流动性。

5.2.3 "营改增"对企业偿债能力的影响

偿债能力是指企业用资产偿还短期债务与长期债务的能力，既能反映企业财务状况，又能在很大程度上衡量企业经营能力和财务风险。企业的短期偿债能力主要是取决于企业的流动资产与流动负债的配置与对比关系。一般认为，企业流动比率、速动比率或现金比率等指标保持在合理区间，企业短期偿债能力就有保证。同时，短期偿债能力受企业内外部一些因素影响。比如，在实施"营改增"后，企业的税负降低、应付税款减少，从而降低了企业的流动负债，减少了企业的现金流出量，这对企业的短期偿债能力的提升有着积极的推动作用。长期负债能力则取决于企业的盈利能力、资产的运用状况、企业资产负债的比例等不同指标和企业内外部因素的综合影响。比如，企业进行大规模固定资产投资常需要借助银行贷款、发行企业债券等外部筹资方式才能完成，然而高额、长期负债融资通常会加剧企业长期偿债压力。外部因素对企业长期偿债能力的影响也很好理解，仍然以税收改革为例。实施"营改增"以后，大量购置固定资产能够实现较大抵扣效应，在相当大程度上缩短固定资产的投资回报期，进而提高固定资产投资报酬率，最终能有效地减轻企业长期偿债压力。

综上所述，"营改增"影响企业绩效（这里主要指盈利能力、营运能力和偿债能力）主要通过两个路径：一是直接影响（作用）；二是间接影响（中介作用）。其中，关键因素是"营改增"导致企业税负的改变。为直观起见，本章作图 5-1。

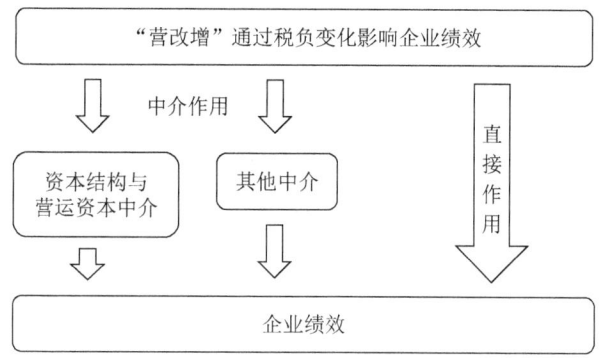

图 5-1 "营改增"影响企业绩效的两种路径

具体地说,"营改增"是否影响公司业绩以及如何影响公司业绩关键看其是否导致企业税负的变动,以及"营改增"对业绩的影响是正向的还是负向的。第一,因"营改增"导致企业缴纳流转税减少或者增加,进而导致其利润的增加或减少,这是"营改增"对公司业绩的直接影响。第二,一般地,缴纳税费会导致企业现金流出,进而影响其可自由支配的现金流量。企业往往因此进行筹资,并导致资本结构发生改变。企业最优资本结构一旦因此被打破,将对企业造成负面影响,进而降低其财务绩效。诚然,企业的营运资本可起到偿还短期债务的缓冲作用,还可以增加企业资产的流动性,促进资金周转,提高企业财务绩效。"营改增"可引起企业税负变化,也可能引起企业资本结构、营运资本,乃至财务绩效改变,本章将"营改增"的这种效应称为资本结构与营运资本中介作用。第三,税收驱动(包括"营改增")的资金约束也影响着企业的营运资本管理并因此影响企业绩效,本章将其归入其他中介作用。

5.3 基于财务绩效研究视角的"营改增"研究设计

考察"营改增"经济后果,不能不关注其对企业税负的影响。结合财务绩效相关文献,本章主要目标是研究"营改增"对企业税负,进而对企业财务业绩的影响。拟通过分步法完成本章研究目标:第一步,通过调研、访谈等方式研究"营改增"是增加了企业税负还是降低了企业税负;第二,通过计量模型考察税负与公司业绩相关性，重点研究前者影响后者的逻辑或机理。

5.3.1 实证模型变量定义

本章以收入净利率 INC 作为财务业绩的实证研究指标，该指标越高，表明企业资产利用效果越好，意味着企业在增加收入和节约资金使用等方面取得了良好的效果，反之亦然。此外，在如何刻画核心解释变量——税负压力上，项目组通过与北京国家会计学院税务专家李旭红教授研讨，决定使用相对数作为税负压力的代理变量。因为可获得的涉税财务数据非常有限，现金流量表中仅"支付的各项税费"与"收到的税费返还"可用。与会专家一致认为，"支付的各项税费"减去"收到的税费返还"可反映出企业税收负担。现金流量表中的"主营业务收入"具有较高可靠性，适合用于税负指标标准化处理。本章使用财务杠杆作为资本结构的代理变量，使用营运资本占总资产的比重作为营运资本的代理变量。这里，使用比率指标旨在方便不同企业之间的横向比较。同时，控制住对财务业绩具有影响的外生因素（如企业规模盈亏状况、营运能力、国民生产总值增长率）。变量定义详细情况见表5-1所示。

表5-1 实证模型变量定义表

	变量	变量定义
被解释变量	INC	收入净利率，由净利润÷营业收入计算得到
解释变量	TAX	税负压力的代理变量，用现金流量表中支付的各项税费减去收到的税费返还做分子、用利润表中的主营业务收入做分母计算得到
中介变量	LEV	资本结构（资产负债率），用总负债÷总资产计算得到
中介变量	LIQ	营运资本占总资产的比重，用营运资本÷总资产计算得到
控制变量	SIZE	企业规模，通过对企业总资产取自然对数得到
控制变量	LOSS	盈亏状况虚拟变量，当企业在该年度净利润为负数时取"1"，反之取"0"
控制变量	OPERATING	营运能力代理变量，用总资产周转率进行代替，用营业收入÷总资产计算得到
控制变量	GDP	年国民生产总值增长率，数据来源于《中国统计年鉴》

5.3.2 实证模型样本选取

我国企业"营改增"的进程大致可分为三个阶段。

第一阶段（部分行业、部分地区）：2012年1月1日，率先在上海市对交通运输业（陆路运输、水路运输、航空运输、管道运输）和部分现代服务业（研发和技术服务、信息技术服务、文化创意、物流辅助、有形动产租赁、鉴证咨询、广播影视）实施"营改增"试点；2012年9月1日至12月1日，"营改增"试点由上海市分4批次扩大至北京、江苏、安徽、福建、广东、天津、浙江和湖北8省（市）。

第二阶段（部分行业、全国范围）：2013年8月1日，"营改增"试点推向全国，同时广播影视服务也被纳入试点范围；2014年1月1日，在全国范围对铁路运输业和邮政业实施"营改增"试点；2014年6月1日，在全国范围对电信业实施"营改增"试点。

第三阶段（所有行业）：从2016年5月1日起，将试点范围扩大到建筑业、房地产业、金融业和生活服务业，并将所有企业新增不动产所含增值税纳入抵扣范围，确保所有行业税收负担只减不增。

本章使用我国"营改增"上市公司2008—2016年期间非平衡面板数据作为观测值，剔除ST企业及数据不全的企业后，共获得441家样本企业、2744个观测值。其中，财务数据及公司治理数据来自国泰安数据库，GDP增长率宏观数据来自于《中国统计年鉴》。

5.3.3 实证模型描述

中介变量指在自变量影响因变量的过程中，发挥中介作用的变量。中介变量能够用来表示一种因果关系的内在机制，而自变量正是通过这种内在机制影响因变量。具体地说，如果自变量X经过变量M来影响因变量Y，那么M是中介变量，其中介作用方式可以通过图5-2来进行说明。

在图5-2的方程中，自变量X对因变量Y的总效应为c，而X经过中介变量M对Y产生的影响称为中介效应，其值为ab。其中，自变量X对因变量Y的直接效应为c'，e_1、e_2、e_3为误差项。当整个检验过程中只存在一个中介变量时，通过中心化处理（变量减去其均值）之后，各效应之间关系为c = c'+ ab，中介效应则为ab = c-c'。

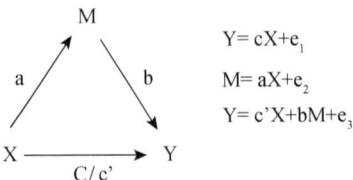

图 5-2 中介效应示意图

李庆东运用聚类分析法研究和评价上市公司财务绩效[1]。本章借鉴 Baron 和 Kenny（1986）、Mackinnon（2002）[2] 及计金标等的研究，使用分步法检验中介效应[3]。该检验过程简单明了，容易操作。

第一步，首先对总效应进行检验，即对方程 $Y = cX + e_1$ 进行检验。如果系数 c 显著，则进行下一步检验；相反，如果系数 c 不显著，则不具备中介效应检验的条件，终止这一检验。

第二步，对方程 $M = aX + e_2$、$Y = c'X + bM + e_3$ 进行检验。如果系数 a 和 b 都是显著的，则中介效应必然存在，就可以进行第三步的检验；相反，如果系数 a 和 b 中有一个是不显著的，则进行 Sobel 检验，这一检验的统计量为 $z = ab/(a^2 s_a^2 + b^2 s_b^2)^{1/2}$，其中 s_a 和 s_b 分别为系数 a 和 b 的标准差。如果检验结果是显著的，则说明中介效应存在；相反，则不存在中介效应。

第三步，根据上一步的检验结果，如果系数 c' 不显著，则此过程中中介效应是完全的，即自变量 X 要影响因变量 Y，必然经过中介变量 M；相反，如果 c' 是显著的，则这一过程中，中介效应是部分中介效应，即自变量 X 要影响因变量 Y，有一部分是经过中介变量 M 进行的。其中，中介效应的大小可由 $ab/(ab+c')$ 来计算。因此，本章将变量 INC、LIQ 和 LEV 进行中心化处理，处理后的数据分别用 c_INC、c_LIQ、c_LEV 表示，并构造如下实证模型：

首先，通过模型（1）对总效应进行检验，若 c_TAX 的系数 β_1^1 是显著的，则证明税负对企业绩效存在影响，则进行进一步检验。

---

[1] 李庆东. 上市公司财务绩效评价与聚类分析[J]. 工业技术经济，2005，24（8）：148-150.
[2] Mackinnon D P, Lockwood C M, Hoffman J M, et al. A comparison of methods to test mediation and other intervening variable effects [J]. Psychological Methods，2002，7（1）：83-104.
[3] 计金标，陆勇，等. 旅游业营改增税制设计和相关政策问题研究报告，2017.

$$c\_INC = \alpha + \beta_1^1 c\_TAX + \beta_2^1 SIZE + \beta_3^1 LOSS + \beta_4^1 OPERATING + \beta_5^1 GDP + \varepsilon \quad (1)$$

其次，通过模型（2）与模型（3）检验中介效应是否存在，若系数 β_1^2 与 β_2^3 均显著，则证明中介效应存在。反之，通过 Sobel 检验进行一步判断。

$$c\_LEV = \alpha + \beta_1^2 c\_TAX + \beta_2^2 SIZE + \beta_4^2 LOSS + \beta_5^2 OPERATING + \beta_7^2 GDP + \varepsilon \quad (2)$$

$$c\_INC = \alpha + \beta_1^3 c\_TAX + \beta_2^3 c\_LEV + \beta_3^3 SIZE + \beta_4^3 LOSS + \beta_5^3 OPERATING + \beta_6^3 GDP + \varepsilon \quad (3)$$

最后，通过模型（3）中 c_TAX 的系数 β_1^3 判断中介效应是部分中介还是完全中介。若 β_1^3 是显著的，则财务杠杆在税负影响绩效这一过程中起到部分中介作用，作用的程度可以通过公式 $\beta_1^2 \beta_2^3 / (\beta_1^2 \beta_2^3 + \beta_1^3)$ 计算得到；反之，若 β_1^3 不显著，则资本结构起到完全中介作用。

同理，在检验营运资本的中介效应时，使用模型（4）-（5）：

$$c\_LIQ = \alpha + \beta_1^2 c\_TAX + \beta_2^2 SIZE + \beta_4^2 LOSS + \beta_5^2 OPERATING + \beta_7^2 GDP + \varepsilon \quad (4)$$

$$c\_INC = \alpha + \beta_1^3 c\_TAX + \beta_2^3 c\_LIQ + \beta_3^3 SIZE + \beta_4^3 LOSS + \beta_5^3 OPERATING + \beta_6^3 GDP + \varepsilon \quad (5)$$

5.4 基于财务绩效研究视角的"营改增"实证检验

5.4.1 样本描述性统计

由表 5-2 可以看出，INC 的均值是 -0.086，即样本企业的总资产收益率为 -8.6%。本章对 2008 年至 2016 年的观察值进行考察发现，亏损数据出现次数为 189。为保证回归结果的可靠性，需要对 LOSS 变量进行控制。亏损虚拟变量 LOSS 的均值是 0.07，说明样本中亏损企业占比 7%。TAX 的均值是 0.14，即样本企业因纳税导致的现金流出量占主营业务收入比重的平均数为 14.00%。此外，GDP 增长率的标准差是 0.01，由此可知宏观经济波动率较小。

表 5-2　主要变量的描述性统计

	Obs	Mean	St. Dev.	Min	P50	Max
INC		−0.086	50.58	−2638.00	0.11	76.86
TAX		0.14	1.01	−0.08	0.07	34.94
LEV		0.48	0.31	0.01	0.46	6.28
LIQ	2744	0.22	0.36	−5.92	0.22	0.96
SIZE		22.09	1.63	16.52	21.90	27.96
LOSS		0.07	0.25	0.00	0	1.00
OPERATING		0.48	0.46	0.00	0.19	11.42
GDP		0.08	0.01	0.07	0.08	0.11

5.4.2 相关性分析

本章采用 Pearson 相关系数检验、研究主要变量之间的相关性。由表 5-3 可知，影响企业总资产收益率的关键指标主要有涉税（或称税务）现金流量占主营业务收入的比重、资本结构、营运资本占总资产比重、企业规模与营运能力。其中，在 1% 的显著性水平上，税务现金流量占主营业务收入的比重与财务杠杆对总资产收益率有负向影响，营运资本占总资产比重、企业规模以及营运能力对总资产收益率有正向影响。此外，在 1% 的显著性水平上，企业规模与税务现金流量占主营业务收入的比重负相关，说明规模经济可以稀释企业的税负压力。

表 5-3　主要变量之间的相关性系数

	（1）	（2）	（3）	（4）
INC（1）	1			
TAX（2）	−0.4438***	1		
LEV（3）	−0.3596***	0.2861***	1	
LIQ（4）	0.3238***	−0.2558***	−0.6851***	1
SIZE（5）	0.0655***	−0.0814***	0.2987***	−0.1533***
LOSS（6）	−0.0805***	0.0465**	0.1777***	−0.2399***
OPERATING（7）	0.0201	−0.0858***	0.0662***	−0.0275
GDP（8）	−0.0197	0.0610***	0.0881***	−0.0774***

续表

	(5)	(6)	(7)	(8)
SIZE（5）	1			
LOSS（6）	−0.1480***	1		
OPERATING（7）	−0.0705***	0.00830	1	
GDP（8）	−0.1518***	0.0240	0.0354*	1

注：*、**、*** 分别表示在 10%、5%、1% 的水平上显著。

5.4.3 回归分析

表 5-4 为模型（1）-模型（3）的回归结果。在控制住宏观经济变量、亏损状况及企业营运能力等因素的情况下，税收负担代理变量 c_TAX 的系数 −22.27 在 1% 的水平上显著，说明税务现金流量占主营业务收入的比重对公司业绩有负向影响。鉴于此，本章通过模型（2）与模型（3）进行进一步分析。

模型（2）以财务杠杆 c_LEV 作为被解释变量，核心自变量税负压力 c_TAX 的系数 0.09 在 1% 的水平上显著，说明企业涉税问题导致现金流出会提高财务杠杆，这是由于现金流出带来的资金约束压力所致。此外，影响财务杠杆的还有企业是否亏损、企业规模、营运能力以及宏观经济环境。

由模型（3）可知，在加入财务杠杆 c_LEV 后，核心自变量税负压力 c_TAX 仍在 1% 的水平上显著，说明财务杠杆起到的是部分中介作用。通过公式 $\beta_1^2 \beta_2^3 / (\beta_1^2 \beta_2^3 + \beta_1^3)$ 计算可知，税收压力对上市公司财务业绩的抑制作用 24.47% 是通过资本结构中介传导的。由此可知，资本结构是企业税负压力影响公司业绩的重要中介，其解释力超过了 24%。

表 5-4 模型（1）-（3）的回归结果

变量	模型（1） c_INC	模型（2） c_LEV	模型（3） c_INC
c_TAX	−22.27***	0.09***	−16.80***
c_LEV			−60.49***
c_LIQ			

续表

变量	模型（1） c_INC	模型（2） c_LEV	模型（3） c_INC
SIZE	0.56	0.52***	3.73***
LOSS	−12.07**	0.23***	1.68
OPERATING	−1.63	0.10***	4.35**
GDP	40.39	3.05***	224.98
_cons	−2.92	−1.30***	−81.69***
年度	控制	控制	控制
行业	控制	控制	控制
N	2744	2744	2744
F值	44.03	91.95	66.19
Adj. R²	20.06%	34.66%	28.78%

注：**、*** 分别表示在5%、1%的水平上显著。

模型（4）—（5）的回归结果见表5-5，以财务杠杆 c_LIQ 作为被解释变量，核心自变量税负压力 c_TAX 的系数 −0.10 在 1% 的水平上显著，说明企业涉税问题导致现金流出对企业提高营运资本起到了抑制作用。此外，影响营运资本的还有企业是否亏损、企业规模、营运能力以及宏观经济环境。由模型（5）可知，在加入营运资本变量 c_LIQ 后，核心自变量税负压力 c_TAX 仍在 1% 的水平上显著，且系数为负，说明营运资本起到的是部分中介作用。通过公式 $\beta_1^2 \beta_2^3 / (\beta_1^2 \beta_2^3 + \beta_1^3)$ 计算可知，税收压力对上市公司财务业绩的抑制作用 16.59% 是通过营运资本中介传导的。

表5-5 模型（1）、模型（4）以及模型（5）的回归结果

变量	模型（1） c_INC	模型（4） c_LIQ	模型（5） c_INC
c_TAX	−22.27***	−0.10***	−18.70***
c_LEV			
c_LIQ			37.19***
SIZE	0.56	−0.06***	3.03***

续表

变量	模型（1） c_INC	模型（4） c_LIQ	模型（5） c_INC
LOSS	−12.07**	−0.35***	0.85
OPERATING	−1.63	−0.03**	−0.37
GDP	40.39	−8.02***	338.71**
_cons	−2.92	1.86***	−71.97***
年度	控制	控制	控制
行业	控制	控制	控制
N	2744	2744	2744
F值	44.03	50.72	56.38
Adj. R^2	20.06%	22.48%	25.55%

注：**、***分别表示在5%、1%的水平上显著。

税收压力增加的一个重要原因是纳税引起现金流出企业。一方面，纳税减少了企业可支配的现金流量，进而影响企业的营运资本；另一方面，纳税破坏企业的最优资本结构，从而增加了资本成本，不利于公司财务业绩提升与价值最大化。从上述实证检验可知，税负影响公司业绩的驱动因素中有41.06%（24.47%+16.59%）的成分是通过资本结构和营运资本中介传导的。由表5-6可知，自2012年起，样本企业的税负逐年降低。特别地，2016年"营改增"在全部行业、全国范围执行，综合税负下降了21.98%。因此，可以初步判断"营改增"对企业财务绩效有正向促进作用。

表5-6 2008—2016年TAX均值

年份	2008	2009	2010	2011	2012	2013	2014	2015	2016
观察值	208	233	263	303	339	347	365	398	288
TAX均值	0.088	0.115	0.341	0.259	0.118	0.104	0.130	0.091	0.071

5.4.4 稳健性检验

以上实证检验使用的是非平衡面板数据。在稳健性检验中，本章使用更严苛的平衡面板数据考察"营改增"对企业财务绩效的影响。经过去中心化处理后，回归结果如表 5-7 所示。

表 5-7　模型（1）至模型（5）的稳健性检验

变量	模型（1）c_INC	模型（2）c_LEV	模型（3）c_INC	模型（4）c_LIQ	模型（5）c_INC
c_TAX	−13.05***	0.02**	−13.00***	−0.04**	−12.99***
c_LEV			−0.63*		
c_LIQ					0.56**
SIZE	−0.07*	0.03***	−0.05	−0.03***	−0.06
LOSS	−0.25	0.15***	−0.15	−0.17***	−0.15
OPERATING	−1.20***	0.04**	−1.17***	0.08***	−1.24***
GDP	−6.09	1.67**	−5.04	−4.50***	−3.58
_cons	3.68**	−0.86***	3.14**	0.81***	3.23**
年度	控制	控制	控制	控制	控制
行业	控制	控制	控制	控制	控制
N	963	963	963	963	963
F值	986.28	31.62	930.88	12.47	933.18
Adj. R2	94.25%	33.74%	94.26%	16.02%	94.28%

注：*、**、*** 分别表示在 10%、5%、1% 的水平上显著。

由表 5-7 可知，在模型（1）中，核心自变量 c_TAX 的系数为负，在 1% 的水平上显著；在模型（3）中，核心自变量 c_TAX 及中介变量 c_LEV 的系数均为负数，且均在 1% 的水平上显著；在模型（5）中，核心自变量 c_TAX 及中介变量 c_LEV 的系数分别在 1% 和 10% 的水平上显著。结合表 5-8 考察企业各年税负，本章结论是稳健的。

表 5-8　平衡面板数据 2008—2016 年 TAX 均值

年份	2008	2009	2010	2011	2012	2013	2014	2015	2016
观察值	107	107	107	107	107	107	107	107	107
TAX	0.072	0.078	0.227	0.090	0.114	0.108	0.096	0.088	0.084

5.5 本章研究结论

在其他条件不变的情况下,税收压力对企业财务业绩具有显著抑制作用,且该抑制作用的 24.47% 通过资本结构中介传导,16.59% 通过营运资本中介传导。换言之,因纳税现金流出加大了企业的财务压力,同时降低了企业的营运资本配置效率,进而降低了企业的盈利能力。此外,税负压力对企业财务业绩的抑制作用 58.94% 是通过直接作用以及其他中介作用(负向影响)传导的。这里,直接作用包括税收直接降低了企业的净利润,其他中介传导包括固定资产投资等,企业往往由于税收负担过重错失优质投资项目。本章通过分步检验中介效应,并逐年考察 2008 至 2016 年度税负压力的大小,得出结论:"营改增"对企业来说是减负行为,因而它对企业财务绩效的提升具有重要促进作用。

第6章 基于经济效率测度的"营改增"财务绩效研究

"营改增"是实现我国经济增长转变、加快第三产业发展和完善我国税制的重要举措之一。从税收负担角度来看，"营改增"属于结构性减税，而非普遍减税，各行业、各微观主体税负变化不尽相同。旅游行业"营改增"整体思路是征税方法"平移"，仍然实行"差额征税法"，"营改增"以后旅游上市公司的实际税负变化尤为引人关注。从税收政策效应角度来看，税负降低可能会刺激企业增加投资，进而有助于企业实现规模经济；还有可能促进企业开拓创新，提高技术效率。本章旨在从经济效率测度及其财务绩效敏感性角度研究旅游业"营改增"经济后果。

　　本章着手从经济效率测度入手研究"营改增"财务绩效问题。遵循的逻辑是，对相关行业进行"营改增"，预期财务后果是企业税负降低，导致这些企业产生技术创新和规模扩张冲动。研究方法主要分两个步骤：第一步，对相关上市公司进行经济效率（技术效率、纯技术效率和规模效率）测度；第二步，研究"营改增"前后这些企业经济效率与综合财务绩效敏感性是否有显著变化。

　　研究发现，"营改增"以后，旅游企业的纯技术效率和规模效率对于财务业绩（总资产收益率 ROA 和营业利润率 MR）的敏感性都比"营改增"以前显著提高。本文为旅游业"营改增"税收政策后果研究提供了经验证据。

6.1　引言

　　我国税制结构以流转税和所得税为双主体（前者占比更大）。"营改增"以前，大多数年份增值税、营业税和消费税在我国税收总额中占比都在 50% 以上。针对这些有重要影响的税种进行改革影响巨大，必须进行全方位研究和论证，也包括本章开展的事后后果研究。增值税是目前世界各国最常用的间接税（1954 年法国最早适用该税种），迄今为止世界上已经有 100 多个国家实施，并且成为许多国家最主要的税收来源。过去，我国增值税以商品（含应税劳务）在流转过程中产生的增值额作为计税依据而征收，具体对销售货物或者提供加工、修理修配劳务以及进口货物的单位和个人就其实现的增值额进行征税。营业税对在中国境内提供应税劳务、转让无形资产或销售不动产的单位和个人就其所取得的营业额征税。我国增值税和营业税在行业间分布是互补的，行业中所有生产产品和提供加工、修理修配服务的企业缴纳增值税，其余的企业缴纳营业税。换言之，过去增值税和营业税是并行的两个流转税，它们在征税对象和税率等多方面都有很大不同。首先，两种税的税基不同，导致增值税纳税人和营业税纳税人之间税负失去可比性；其次，增值税和营业税都适用多档税率，不同税目的税率有显著的差异；再次，缴纳增值税企业从缴纳营业税企业购入的中间投入，其营业税不得作为进项税加以扣除，所以中间投入中来自缴纳营业税的企业比重不同，其有效税率也不同，比重较高的企业，无法扣除的进项税（营业税）增多，因此有效税率也高，反之有效税率就低；最后，由于营业税存在重复课税的弊端，其税负的大小依赖生产环节的多少，生产环节越多的产品和服务，其税负也越重，否则税负则轻。营业税这种累进的特点，不便于产业分工与协作，容易导致"大而全"和"小而全"的企业。而增值税具有不改变产品和服务之间相对价格的中性优点，能避免重复课税，有利于产业分工和协作。

理论研究表明，间接税（特别是税率）在企业之间的差异会导致生产效率损失。首先，只要企业间实际税率不同，那么它们的税收负担就不同，税率低、税负轻的企业就能获得一些优势，它们的规模会变得比社会最优规模大，而高税率、税负重的企业生产规模会小于社会最优规模；其次，由于企业间税负的不同，一切生产要素（如资本、劳动力和土地等）都会从高税负的企业流向低税负的企业，从而导致整个产业对生产要素总体的利用效率降低（陈晓光，2013）[①]。所以，营业税与增值税并存必然导致经济效率损失，而相对于增值税而言征收营业税导致的效率损失更甚。国外（Mirrlees）相关研究还表明，征税范围的局限性、不同产品间的差别税率、小规模纳税人的特殊待遇等因素都会造成一定程度的经济效率损失。Mirrlees研究发现，在保证维持所有英国家庭原有福利水平的前提下，仅仅消除纳税企业之间存在的增值税税率差异，英国政府每年可以额外增收30亿英镑。金融服务业不缴纳增

---

① 陈晓光.增值税有效税率差异与效率损失——兼议对"营改增"的启示[J]中国社会科学，2013（8）．

值税每年致使英国损失 30% 的国内生产总值（Zee）。Piggott 和 Whalley 则分析了加拿大增值税扩围后出现的服务业非正式部门增多而产生的效率损失。国内，陈晓光（2013）利用 Hsieh 和 Klenow 模型和企业层面数据，对由增值税有效税率差别导致的全要素生产率损失进行测算，结果显示，2000—2007 年间，全要素生产率损失年均高达 7.9%。2012 年 1 月 1 日起推行的"营改增"试点，以及 2016 年 5 月 1 日的全面"营改增"政策的实施，既有助于消除营业税与增值税并存状态，也有助于消除多重税率（营业税也存在多重税率），因而具有经济效率改进的功能。

本项目基于上述国内外研究成果，从经济效率测算（或测度）及其与财务业绩相关性视角研究上市公司"营改增"的经济后果，研究得到如下发现：第一，通过上市公司经济效率（含技术效率、纯技术效率和规模效率）测算发现，2008 年以来样本上市公司的各项经济效率指标呈现增高的趋势，但是全样本回归分析结果却是纯技术效率与财务业绩敏感性系数为负，表明上市公司的技术进步不足以支撑其财务业绩改善，规模效率与财务业绩敏感性系数为负表明上市公司距离实现规模经济还有一段距离。但是，"营改增"以后，上市企业的规模效率、技术效率对财务业绩敏感性显著为正，说明"营改增"能够促进这些企业加大投入力度，帮助企业实现规模经济，并促进其提高技术创新水平，进而提升其财务绩效。第二，通过"营改增"哑变量与财务业绩的敏感性分析发现，"营改增"导致短期财务绩效下降，主要原因是抵扣链条尚未完善、节税效应尚未显现。

与以往研究相比，本章研究有两个主要不同点：第一，首次运用 DEA 法测度上市公司经济效率指标；第二，将"营改增"、经济效率和绩效变量纳入回归模型，综合考察"营改增"经济后果。除本部分（引言）以外，本章还包括以下四个部分：文献回顾与假设提出、数据说明与研究模型、实证检验和研究结论。

6.2 文献回顾与假设提出

一般而言，可以将企业经济效率划分为三大类，即规模效率、范围效率和生产效率（综合技术效率）。规模效率是指企业处于最佳规模时的成本减少水平。范围效率指企业产品多元化与地域扩张所带来的效率。生产效率则是由纯技术效率和配置效率两部分组成的。其中，纯技术效率是指在一定的投入水平下，生产者的实际产出达到最大可能产出水准的能力。配置效率则是指在一定的相对价格水平下生产者实现投入和产出最优组合的能力。配置非效率则是指要素投入组合偏离了边际技术替代率等于要素价格比的最优化条件。传统经济效率概念属于狭义范畴，仅指纯技术效率（Technical Efficiency，TE）和配置效率（Allocative Efficiency，AE）。相当数量的研究论文使用狭义效率概念。除此以外，还有许多效率概念，比如 X- 效率。由于这种无效率既不是由于缺乏配置效率导致，也与激励效率和技术效率无关，因此莱宾斯坦将其定义为 X- 效率。

国内外学术界主要用非参数法和参数法来测度税收（税收征管）效率。参数方法主要有随机前沿分析法（Stochastic Frontier Analysis，SFA）、厚前沿分析法（Thick Frontier Approach，TFA）以及自由分布法（Distribution – Free Approach，DFA），其中 SFA 法最为常见。非参数法又可以分为数据包络分析法（Data Envelopment Analysis，DEA）、指数法（Index Numbers，IN）、无界分析法（Free Disposal Hull，FDH）和混合最优策略法（Mixed Optimal Strategy，MOS），其中 DEA 法最为常见。李美娟、陈国宏（2003）对 DEA 法的基本思想进行了详细概括：首先，对决策单元和群体进行界定，把每一个被评价单位作为一个决策单元（Decision Making Units，DMU），众多决策单元则构成被评价群体；其次，对投入和产出比率进行综合分析，目的是确定有效生产前沿（生产包络线）；再次，根据决策单元与有效生产前沿面的距离状况确定各决策单元是否有效[1]。

在具体运用 DEA 法时，研究人员可以选择分式规划方式和线性规划方式。从本质上看，这两种方式是等价的，分式规划方式的核心是定义投入 – 产出比率，而线性规划方式主要基于一系列生产公理推演。其中，以线性规划方式最为常见，本章对此做进一步论述。首先，利用线性规划的方式把企业的多项投入与多项产出数据投射到坐标系中。然后，求出最大产出或最小投入边界，并将其定义为效率边界。最后，根据决策单元与有效生产前沿面

---

[1] 李美娟，陈国宏. 数据包络分析法（DEA）的研究与应用［J］. 中国工程科学，2003，5（6）：88-94.

的距离状况衡量各决策单元（DMU）的生产效率。在没有随机性误差时，若决策单元（或企业）观察值落在此效率边界上，则该 DMU 具有完全效率，其效率值为 1；若 DMU 观察值不落在此效率边界上，其效率值为 0 到 1 之间，DMU 为相对无效率。总之，DMU 的 DEA 评分由个体和群体共同决定。一个 DMU 的 DEA 评分并非取决于一个孤立的标准，而取决于相关的特殊数据组。

DEA 方法不需要预先估计参数，属于非参数统计方法范畴。DEA 法的优势主要表现为以下四个方面：首先，不需要构造一个确定的基本生产函数，因而可以避免函数参数估计，进而可以避免函数型态估计中人为错误或失误所导致的结果不准问题的发生；其次，DEA 法可以通过数学规划方式客观产生权数并且有效处理投入（或产出）单位不一致的问题，换言之，它可以用投影的方法指出非 DEA 有效或弱 DEA 有效的原因，并指明改进的方向以及改进的程度；再次，DEA 可以有效处理定性与定量投入 – 产出问题，既可处理比率尺度数据，又可处理定序尺度数据，而且较少受观察值数量多少的限制；最后，数据包络分析法相对于数理统计方法而言对样本的要求不大，因而其应用领域较后者更加广泛。鉴于 DEA 法以上优点，国内许多学者都选择其作为税收效率的测算方法，如李建军、李慧（2013）用它来测算我国增值税的征管效率。本章拟采用 DEA 法测度"营改增"上市公司的技术效率、纯技术效率与规模效率。

关于税收政策经济后果研究国内外学者均有涉及。以 2008 年我国增值税转型改革为例，增值税转型可以通过三条途径影响企业的经济效率：第一，通过对企业现金流产生影响。增值税由生产型转型为消费型，购进固定资产的进项税额可以抵扣，直接增加了企业当期的经营现金流量（或税收减少了企业的现金流出），会提升企业的投资意愿，使其投资的需求曲线发生移动，增加企业投资的可能性（Auerbach，1986[①]；Culter，1988[②]）。该论断有充分的理论依据，税收经济学理论认为，减税会增加厂商可支配的生产要素，扩大投资规模，从而提高厂商的生产能力。而投资的增加和规模的扩大为规模经济的实现提供了条件，从而为企业提高投入 – 产出比、提升生产效率奠定了基础。第二，增值税转型通过影响技术进步而影响企业生产效率（陈丽霖、

---

① Auerbach, A. J. Tax Reform and Adjustment Cost: The Impact on Investment and Market Value[R]. NBER Working Paper, 1986; NO. 2103.

② Culter D M. Tax Reform and The Stock Market: An Asset Price Approach[J]. American Economic Review, 1988 (78): 1107–1117.

廖恒，2013）。随着投资的增加，企业势必会选择技术水平优于原技术水平的设备，从技术进步的角度提升生产效率。第三，增值税转型引起新增投资对企业生产经营产生影响。Culter（1988）研究发现，在减税的情况下，新投资的成本更低、收益更高，更有利于公司价值的提升。所以，在其他条件不变的情况下，新增投资能弥补现有资产价值的下降以及生产能力的下降，从而提升企业的生产效率。

李建军、李慧（2013）从投入-产出角度研究税收征管效率。他们认为，税收征管也是一个投入-产出系统，投入税基、人力物力等征得税收收入（Arvate and Mattos, 2007; Mattos, et al, 2011）。其具体做法是：运用 SFA、DEA 和 FDH 三种方法对我国增值税征管效率进行测度分析，vat 为各地国内增值税收入；x 为各投入指标，具体包括国税部门人员数、以第二产业增加值减去建筑业增加值再加上批发零售业增加值刻画的增值税税基，及反映技术变化的时间变量[①]。他们研究发现，不同时间和地区的测算得分存在差异，但从平均效率趋势来看，效率水平整体保持稳定，增值税征管效率水平整体还有较大的提升空间；税收分权度、每万人公路里程数对增值税征管效率具有负向作用；城镇化程度、经济开放度、增值税在国税机关税收征管中的重要性都与增值税征管效率有显著的正向关系。本章在运用 DEA 法进行"营改增"上市公司经济效率测度时也是基于投入与产出视角。

税收改革经济后果往往不是即时反应性的，而是有滞后，需要从更长期间进行跟踪考察。因为各个主体之间的博弈导致新制度暂时无法发挥作用而导致时滞后，企业从可选择的最佳安排到实际经营之间所需的时间也会产生时滞（诺思，1991）。所以，税收新政（或税收改革，如增值税转型、"营改增"等）的经济后果不一定马上显著表现出来。Harberger 在探讨增值税改革对国民收入分配格局影响的基础上分析了增值税改革的动态效率效应。Alan 等在一般均衡和跨期叠加的模型中，在没有遗赠动机的前提下，分析了税制改革动态经济效率，并探讨了资本税改革对国民福利的帕累托改进[②]。Kenneth 在动态一般均衡分析框架下，研究多重资本税改革的边际效率成本，发现改

[①] 李建军，李慧. 我国增值税征管效率测度分析——基于 SFA、DEA 和 FDH 方法 [J]. 财贸研究，2013（2）.

[②] Alan J. A., Lauernce. J. K. The Efficiency Gains From Dynamic Tax Reform[J]. International Economic Review, 1983, 24（1）: 81100.

革增加了资本税的边际效率成本，降低了工资税的边际效率成本[①]。Christophe 研究了资本所得税改革的动态经济效率，发现全面降低资本所得税的动态效率改进[②]。Bullock 在一般均衡分析框架下，探讨了政府转移支付代替增值税征缴之后对企业利润造成的影响，并定量分析了经济效率的提高。孙正、张志超（2015）基于"营改增"视角流转税改革的动态效率分析，在新古典一般均衡的分析框架下，结合我国税收体系、政府税收来源状况，将政府税收分为流转税和工薪税，进而探讨了以"营改增"为契机的新一轮财税改革对我国动态经济效率的影响。他们发现，"营改增"视角的流转税改革增加了国民消费性财富，改善了居民福利水平；流转税改革的制度红利优化了资源配置，增加了人均效率资本存量，促进了产业深化，改善了动态经济效率[③]。

"营改增"给相关上市公司带来的积极变化主要表现在两个方面：一是相比原来的营业税，增值税实现了税负中性，不会出现重复征税；二是这次税改整体上确保企业税负稳中有小幅降低。根据税收经济学理论与国内外研究成果，这次税改将从如下三个方面影响微观主体（"营改增"企业）的行为：一是刺激企业加大固定资产投资；二是促进这些企业加大技术创新力度；三是促进企业改善经营管理，增加营业收入。

鉴于以上理论分析与"营改增"对"营改增"企业可能带来的积极变化，本章提出如下三个研究假设：

H1：由于增值税抵扣链条不完整，"营改增"短期将导致样本上市企业财务绩效显著下降。

H2："营改增"以后样本上市企业的技术效率、规模效率、业绩敏感性将优于税改以前。

H3："营改增"短期既带来规模效率和技术效率的提高，又增加企业税负，而短期后者占据优势地位，所以这些企业总经济效率对财务业绩的敏感性符号为负。

---

① Kenneth. L. J. The Welfare Cost of Factor Taxation in a Perfect——Foresight Model[J]. Journal of Political Economy, 2007, 95（4）：675-709.

② Christophe. The Welfare Cost of Capital Income Taxation in a Growing Economy[J]. Journal of Political Economy, 2001, 89（3）：468-496.

③ 孙正，张志超. 基于"营改增"视角流转税改革的动态效率分析［J］. 中南财经政法大学学报，2015（2）：40-47.

6.3　数据说明与研究模型

（1）数据说明

本章所需"营改增"上市公司财务数据来自 Csmar 数据库，GDP 增长率指标来自《中国统计年鉴》。本章对财务数据进行如下必要处理：第一，删除数据缺失值观测；第二，财务数据取值区间为 2008—2016 年；第三，删除 ST、停牌、退市公司财务数据。经过以上处理以后，共获得 248 个有效观测。

（2）研究模型

$$MR = \alpha + \beta_1 Crste + \beta_2 Vrste + \beta_3 Scale + \beta_4 Dummy + \beta_5 Crste \times Dummy + \beta_6 Vrste \times Dummy + \beta_7 Scale \times Dummy + \beta_8 Size + \beta_9 Rgdp + \beta_{10} Routput + \varepsilon \quad (1)$$

$$ROA = \alpha + \beta_1 Crste + \beta_2 Vrste + \beta_3 Scale + \beta_4 Dummy + \beta_5 Crste \times Dummy + \beta_6 Vrste \times Dummy + \beta_7 Scale \times Dummy + \beta_8 Size + \beta_9 Rgdp + \beta_{10} Routput + \varepsilon \quad (2)$$

以上模型（1）和模型（2）是本章主要回归模型，其中模型（2）用于稳健性检验。

表 6-1　变量定义

	变量	变量定义
被解释变量	ROA	总资产收益率，由净利润/总资产计算得到
	MR	主营业务利润率，由主营业务利润/营业收入计算得到
解释变量	Crste	技术效率（综合效率）
	Vrste	纯技术效率
	Scale	规模效率
	Dummy	哑变量，税改以后年份（含）取值1，其他年份为0
	Crste×Dummy	Crste与Dummy交乘项
	Vrste×Dummy	Vrste与Dummy交乘项
	Scale×Dummy	Scale与Dummy交乘项
控制变量	Routput	投入–产出比值，营业成本/营业收入
	Size	各"营改增"上市公司总资产自然对数
	Rgdp	年国民生产总值增长率，数据来源于《中国统计年鉴》
	Yeari	年度0、1变量，用以控制固定效应

上述模型中因变量分别是主营业务利润率 MR 和总资产报酬率 ROA，它们代表"营改增"上市公司的财务绩效。

Crste 是综合效率，它由两部分组成，并等于纯技术效率和规模效率的乘积。

Vrste 是纯技术效率，由企业管理和技术等因素所致。

Scale 是规模效率变量，由企业规模所致。

Dummy 是"营改增"哑变量，"营改增"当年及以后年份用"1"表示，"营改增"以前年份用"0"表示。

Size 是各"营改增"上市公司资产总额的自然对数，用于控制公司规模。

Rgdp 是国内生产总值（GDP）增长率，表示经济增长的影响。

Routput 是投入－产出比值，用营业成本除以营业收入得到，用来控制"营改增"上市公司风险（而不采用资产负债率指标）。

上述各主要变量定义详见表 6-1。

6.4 实证检验

本章采用 DEA 法（数据包络分析法）测度"营改增"上市公司经济效率值（具体运用 Deap2.1 软件）。DEA 法及其模型 1978 年由美国著名运筹学家 A.Charnes 和 W.W.Cooper 提出，此后该方法广泛应用于各行业及其各部门，并且在处理多指标投入和多指标产出方面体现了其得天独厚的优势。本章采用的投入变量有营业成本和期间费用，产出变量有"营改增"企业营业收入（本章没有采用利润指标作产出，主要是因为该指标有可能出现负数，而 Deap 软件包不接受负值）。经过 Deap2.1 软件包处理，得到综合效率 Crste、纯技术效率 Vrste 和规模效率 Scale，详细数据见表 6-6。

将表 6-6 数据初步处理，得到以上全样本分年度经济效率均值（表 6-2）。初步判断，综合效率值均值 Crste 自上而下有增大的趋势，Avg scale 和 Avgcrste 值变化趋势亦是如此。从 2008 年起到 2016 年"营改增"上市公司的纯技术性效率和规模效率有逐渐提高的趋势。

表 6-2　全样本分年度经济效率均值

Year	Avgcrste	Avgscale	Avgvrste
2008	0.4829	0.8735	0.5522
2009	0.4944	0.8737	0.5616
2010	0.5488	0.8708	0.6221
2011	0.5804	0.8858	0.6689
2012	0.5945	0.9157	0.6504
2013	0.5853	0.9224	0.6326
2014	0.5981	0.9130	0.6510
2015	0.6007	0.9208	0.6551
2016	0.5851	0.8996	0.6537

为直观起见，我们依据表 6-2 数值作全样本年度经济效率均值折线图（图 6-1）。图中，最上方的红色折线代表规模效率平均值，中间的黄色折线代表纯技术效率平均值，而最下方的深色折线代表总经济效率平均值；横轴刻度值"1"代表 2008 年，刻度值"9"代表 2016 年，其他刻度值所代表的年度不再赘述。

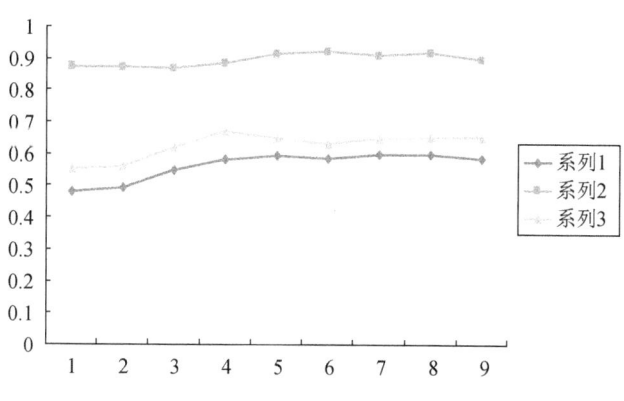

图 6-1　全样本年度经济效率均值折线图

表 6-3 为模型主要变量的描述性统计信息。样本观测值 248 个。总经济效率 Crste 的均值为 0.567，纯技术效率 Vrste 的均值为 0.631，规模效率 Scale 的均值为 0.899。旅游上市公司财务绩效变量 ROA 均值为 0.037，主营业务利

润率均值为 0.015。哑变量 Dummy 均值为 0.125，意味着 2016 年有观测值 31 个。从 2008 年到 2016 年 9 年中，GDP 增速最大为 10.4%，最小为 6.7%。投入－产出比率 Routput 均值为 0.522，意味着旅游业上市公司每实现一元钱销售收入需要投入 0.522 元成本。

表 6-3　主要变量的描述性统计

Variable	Min	25%	Mean	St.Dev	Median	75%	Max
ROA	-1.495	1.60	0.037	0.134	0.048	0.077	0.471
MR	-6.036	0.06	0.015	0.829	0.132	0.237	0.596
Crste	0.073	0.466	0.567	0.176	0.536	0.668	1
Vrste	0.138	0.503	0.631	0.185	0.592	0.751	1
Scale	0.073	0.856	0.899	0.106	0.922	0.968	1
Dummy	0	0	0.125	0.331	0	1	1
Routput	0.055	0.418	0.522	0.196	0.506	0.665	0.937
Size	16.520	20.640	21.408	1.199	21.259	21.982	25.709
Rgdp	0.067	0.072	0.083	0.014	0.077	0.096	0.104

注：Obs=248。

表 6-4 是模型主要变量的 Person 相关系数。从中可以初步看出，旅游上市公司的财务业绩变量 ROA（总资产利润率）和 MR（主营业务利润率）均与技术经济效率（Crste）、纯技术效率（Vrste）和规模效率（Scale）显著相关。技术经济效率指标与投入－产出比率（Routput）、国民生产总值增长率（Rgdp）和公司总资产自然对数（Size）显著相关。初步说明选择上述变量作为模型的解释变量、控制变量和被解释变量是合适的，也是必要的。为验证本章假设，仅仅做上述简单相关性分析还远远不够，还需要通过模型设计控制更多的因素。

表 6-4　Person 相关系数

Variable	ROA	MR	Crste	Vrste	Scale	Routput	Rgdp	Size
ROA	1							
MR	0.7297***	1						

续表

Variable	ROA	MR	Crste	Vrste	Scale	Routput	Rgdp	Size
Crste	0.4027***	0.1819***	1					
Vrste	0.1652***	−0.1251**	0.9142***	1				
Scale	0.4683***	0.5004***	0.3764***	0.0092	1			
Routput	−0.1089*	−0.0786	−0.2449***	−0.1792***	−0.2289***	1		
Rgdp	−0.0693	−0.0907	−0.1400**	−0.0861	−0.1567**	0.0181	1	
Size	0.3259***	0.2601***	0.3653***	0.3756***	−0.0080	−0.1304**	−0.2726***	1

注：① Obs=248；② ***、** 和 * 分别表示在1%、5%和10%水平显著。

表6-5［模型（1）（2）的回归结果］第二栏报告了本章模型（1）的回归结果。纯技术效率（Vrste）和规模效率（Scale）均与旅游上市公司的综合财务业绩指标MR在1%显著水平上负相关表明，从全样本来看，旅游上市公司在技术进步和规模建设两个层面工作开展都不到位，都不足以对公司财务业绩形成积极支撑。加入"营改增"哑变量后，旅游上市公司的纯技术效率、规模效率与该变量的交乘项均与公司财务业绩显著正相关，表明"营改增"对旅游上市公司技术进步和规模化经营均有促进作用，进而对这些企业的财务绩效提升具有促进作用。模型控制变量国民生产总值增长率（Rgdp）和总资产自然对数（Size）均与模型因变量显著正相关，验证了已有文献在模型设定中加入这些变量的合理性。此外，模型还控制了年度、旅游上市公司投入－产出比等因素。

为检验研究结果可靠性，本章还进行了稳健性检验。具体做法是替换模型变量，即用ROA代替MR作为旅游上市公司财务业绩变量。表6-5第三栏报告了模型（2）的实证结果，研究发现，该模型的主要解释变量和控制变量与因变量的敏感性与模型（1）基本相同，只是模型各变量系数的绝对值小些而已。换言之，替换因变量以后，模型仍然通过了假设检验，而且两个模型回归分析结果一致。因此，本章的实证研究结果是稳健的。

表 6-5 模型（1）（2）的回归结果

Variable	模型（1） MR	模型（2） ROA
Intercept	4.303***	−0.154
Crste	32.201***	2.100***
Vrste	−30.008***	−1.784***
Scale	−12.118***	−0.622***
Dummy	−12.943***	−0.975**
Crste × Dummy	−32.889***	−2.727***
Vrste × Dummy	29.895***	2.424***
Scale × Dummy	14.230***	1.102***
Routput	0.258	0.034
Rgdp	7.476**	0.969**
Size	0.298***	0.027***
Year	Control	Control
F-Value	93.45	29.5
Adj. R2	53.57%	
N	248	

注：***、** 和 * 分别表示在 1%、5% 和 10% 水平显著。

6.5 研究结论

根据税收政策理论，一项税收政策变动或者税收改革将产生一系列经济后果。本章从经济效率测度及其对旅游上市公司财务绩效敏感性角度开展"营改增"后果研究，着重看"营改增"前后纯技术效率、规模效率对公司财务业绩敏感性问题。研究发现，2016 年 5 月旅游业开展"营改增"后，旅游业上市公司纯技术效率、规模效率与营业利润率显著正相关，从而表明"营改增"能促进旅游上市公司技术进步和实现规模经济，进而有助于改善旅游上市公司财务绩效。将实证模型因变量替换为总资产报酬率（ROA）后，该研究结论仍然成立，说明实证结论是稳健的。总而言之，本章的实证结果为论证 2012 年 1 月以来推行的"营改增"政策的必要性与合理性提供了经验证据。"营改增"不仅有助于调动市场经济微观主体（企业）增强技术进步的积极性，着力实现规模经济，还有助于包括旅游业在内的第三产业转型升级和我国经济增长方式的转变。

当然，本章仍然有一些不足。比如，由于样本的原因，无法运用双重差分法更好地控制"营改增"经济后果。"营改增"前后经济效率与财务业绩的敏感性显著差异是否完全由于税收改革，缺乏强有力的说服力。再如，旅游业"营改增"才过去一年多，许多企业的增值税抵扣链条可能尚未完善，税收改革的效应尚未充分发挥出来。这些不足有待后续研究加以克服。

表 6-6 经济效率测度表

Number	Crste	Vrste	Scale
1	0.58	0.715	0.811
2	0.674	0.788	0.856
3	0.78	0.922	0.846
4	0.725	0.891	0.813
5	0.749	0.888	0.843
6	0.804	0.951	0.846
7	0.851	1	0.851
8	0.799	0.947	0.844
9	0.84	1	0.84
10	0.471	0.524	0.9
11	0.471	0.559	0.843
12	0.478	0.575	0.831
13	0.482	0.591	0.816
14	0.479	0.594	0.806
15	0.511	0.641	0.797
16	0.41	0.503	0.816
17	0.378	0.449	0.842
18	0.322	0.374	0.861
19	0.329	0.471	0.699

续表

Number	Crste	Vrste	Scale
20	0.355	0.499	0.712
21	0.588	0.608	0.968
22	0.669	0.712	0.94
23	0.763	0.819	0.931
24	0.62	0.656	0.945
25	0.617	0.636	0.97
26	0.667	0.708	0.941
27	0.539	0.545	0.989
28	0.419	0.428	0.98
29	0.351	0.36	0.973
30	0.459	0.468	0.981
31	0.484	0.49	0.987
32	0.491	0.496	0.989
33	0.495	0.502	0.987
34	0.501	0.508	0.986
35	0.497	0.504	0.986
36	0.47	0.477	0.986
37	0.444	0.494	0.899
38	0.475	0.482	0.986
39	0.52	0.55	0.946
40	0.503	0.53	0.95
41	0.566	0.636	0.891
42	0.484	0.525	0.923
43	0.699	0.715	0.977
44	0.658	0.685	0.96
45	0.637	0.67	0.95
46	0.458	0.458	1
47	0.456	0.458	0.997
48	0.451	0.456	0.989
49	0.454	0.471	0.965
50	0.456	0.47	0.97

续表

Number	Crste	Vrste	Scale
51	0.444	0.447	0.992
52	0.409	0.412	0.994
53	0.392	0.393	1
54	0.395	0.395	0.999
55	0.416	0.446	0.933
56	0.447	0.472	0.947
57	0.413	0.436	0.947
58	0.456	0.474	0.962
59	0.475	0.538	0.883
60	0.434	0.486	0.892
61	0.572	0.604	0.947
62	0.376	0.38	0.99
63	0.591	0.646	0.915
64	0.49	0.516	0.95
65	0.539	0.542	0.995
66	0.538	0.552	0.973
67	0.574	0.602	0.954
68	0.624	0.662	0.943
69	0.538	0.556	0.967
70	0.619	0.661	0.936
71	0.575	0.619	0.929
72	0.547	0.581	0.941
73	0.302	0.444	0.68
74	0.477	0.545	0.875
75	0.458	0.53	0.865
76	0.531	0.608	0.873
77	0.486	0.552	0.88
78	1	1	1
79	0.951	1	0.951
80	0.891	0.941	0.946
81	0.854	0.911	0.937

续表

Number	Crste	Vrste	Scale
82	0.437	0.488	0.895
83	0.469	0.529	0.887
84	0.475	0.475	0.999
85	0.468	0.469	0.998
86	0.455	0.455	1
87	0.402	0.403	0.997
88	0.512	0.548	0.935
89	0.414	0.414	0.999
90	0.422	0.423	0.999
91	0.798	0.904	0.883
92	0.748	0.804	0.93
93	0.542	0.591	0.917
94	0.727	0.727	1
95	0.75	0.756	0.992
96	0.703	0.726	0.969
97	0.721	0.763	0.945
98	0.737	0.791	0.931
99	0.733	0.786	0.933
100	0.658	0.705	0.934
101	0.603	0.619	0.975
102	0.617	0.657	0.94
103	0.591	0.662	0.892
104	0.673	0.703	0.956
105	0.527	0.543	0.97
106	0.574	0.628	0.914
107	0.612	0.703	0.872
108	0.582	0.676	0.861
109	0.519	0.598	0.869
110	0.559	0.596	0.938
111	0.533	0.563	0.946
112	0.548	0.557	0.984

续表

Number	Crste	Vrste	Scale
113	0.469	0.473	0.992
114	0.44	0.444	0.99
115	0.448	0.451	0.993
116	0.469	0.471	0.996
117	0.43	0.431	0.997
118	0.472	0.549	0.861
119	0.482	0.569	0.847
120	0.482	0.579	0.832
121	0.481	0.6	0.801
122	0.483	0.609	0.793
123	0.472	0.594	0.795
124	0.472	0.592	0.797
125	0.474	0.596	0.796
126	0.468	0.591	0.793
127	0.826	0.998	0.828
128	0.902	0.976	0.924
129	0.942	1	0.942
130	0.737	0.756	0.974
131	0.583	0.614	0.949
132	0.523	0.548	0.954
133	0.768	1	0.768
134	0.945	0.959	0.985
135	1	1	1
136	0.946	1	0.946
137	0.851	0.973	0.875
138	0.912	0.916	0.996
139	1	1	1
140	0.911	0.914	0.997
141	1	1	1
142	0.906	0.967	0.937
143	0.869	1	0.869

续表

Number	Crste	Vrste	Scale
144	0.744	0.928	0.802
145	0.959	1	0.959
146	0.708	0.771	0.917
147	0.639	0.669	0.955
148	0.634	0.64	0.991
149	0.673	0.674	0.998
150	0.602	0.653	0.921
151	0.537	0.59	0.91
152	0.687	0.764	0.899
153	0.656	0.725	0.905
154	0.661	0.749	0.882
155	0.663	0.749	0.885
156	0.615	0.695	0.886
157	0.54	0.615	0.878
158	0.577	0.659	0.876
159	0.621	0.705	0.88
160	0.635	0.719	0.883
161	0.642	0.752	0.854
162	0.72	0.829	0.868
163	0.65	0.76	0.855
164	0.731	0.835	0.876
165	0.712	0.821	0.867
166	0.598	0.711	0.841
167	0.625	0.737	0.847
168	0.587	0.704	0.834
169	0.55	0.664	0.829
170	0.507	0.589	0.861
171	0.491	0.592	0.829
172	0.504	0.587	0.858
173	0.48	0.552	0.869
174	0.466	0.56	0.831

续表

Number	Crste	Vrste	Scale
175	0.466	0.556	0.838
176	0.455	0.554	0.821
177	0.7	0.746	0.939
178	1	1	1
179	0.4	0.437	0.915
180	0.406	0.447	0.908
181	0.393	0.43	0.913
182	0.414	0.451	0.918
183	0.557	0.604	0.923
184	0.46	0.511	0.899
185	0.424	0.49	0.865
186	0.535	0.618	0.865
187	0.29	0.344	0.842
188	0.237	0.289	0.82
189	0.131	0.329	0.397
190	0.087	0.243	0.357
191	0.577	0.609	0.948
192	0.338	0.379	0.891
193	0.197	0.269	0.732
194	0.107	0.169	0.633
195	0.207	0.237	0.872
196	0.099	0.138	0.722
197	0.412	0.555	0.744
198	0.413	0.542	0.762
199	0.41	0.506	0.809
200	0.456	0.516	0.884
201	0.469	0.504	0.932
202	0.475	0.49	0.969
203	0.519	0.542	0.957
204	0.522	0.539	0.968
205	0.537	0.544	0.987

续表

Number	Crste	Vrste	Scale
206	0.369	0.46	0.8
207	0.312	0.391	0.799
208	0.196	0.515	0.38
209	0.073	1	0.073
210	0.513	0.558	0.92
211	0.527	0.574	0.917
212	0.468	0.502	0.931
213	0.479	0.508	0.943
214	0.511	0.557	0.918
215	0.526	0.569	0.924
216	0.466	0.505	0.923
217	0.688	0.826	0.833
218	0.766	0.865	0.886
219	0.793	0.896	0.885
220	0.795	0.889	0.894
221	0.804	0.887	0.906
222	0.857	0.958	0.895
223	0.819	1	0.819
224	0.534	0.545	0.98
225	0.548	0.564	0.973
226	0.521	0.522	0.997
227	0.542	0.57	0.951
228	0.505	0.515	0.981
229	0.474	0.474	1
230	0.439	0.448	0.98
231	0.445	0.47	0.948
232	0.464	0.507	0.915
233	0.617	0.732	0.844
234	0.676	0.782	0.864
235	0.665	0.781	0.851
236	0.673	0.795	0.846

续表

Number	Crste	Vrste	Scale
237	0.667	0.794	0.84
238	0.672	0.839	0.801
239	0.644	0.8	0.805
240	0.661	0.84	0.786
241	0.775	0.839	0.924
242	1	1	1
243	0.71	0.76	0.935
244	0.56	0.588	0.952
245	0.588	0.625	0.942
246	0.597	0.627	0.953
247	0.557	0.596	0.934
248	0.534	0.568	0.942

第7章 "营改增"对上市公司投资行为影响研究

7.1 引言

学术界十分关注投资效率问题研究。本章研究宏观政策("营改增")对微观企业投资行为的影响,重点研究"营改增"政策的经济后果,即"营改增"对相关企业投资效率的影响,以丰富"营改增"实证研究文献。

本章研究逻辑是,"营改增"能革除营业税双重征税的弊端,解决营业税纳税企业外购的原材料、设备及应税服务不能抵扣的问题,减轻"营改增"企业的税负,继而引起这些企业融资约束和自由现金流量发生变化,乃至影响其投资效率。

本章选取了2007—2014年"营改增"上市公司财务数据进行研究,发现:①总体上看,"营改增"上市公司的投资效率得到提高;②交通运输业企业投资效率因"营改增"政策而降低;③现代服务业企业投资效率因"营改增"而提高;④进行过度投资国企的投资效率因"营改增"政策而降低。

7.2 文献回顾

7.2.1 投资效率相关研究

(1) 投资效率内涵及度量方法

投资效率可以分别从宏观经济角度和微观企业角度进行研究。国外学术界尚未对投资效率进行明确定义(本章样本期),因而导致目前仍然没有统一度量标准。在宏观经济角度研究方面,我国有学者用"增量资本产出率"(ICOR)来衡量宏观经济角度方面的投资效率。这里,ICOR指的是资本存量变动与产出增量的比值[1]。微观企业角度研究认为,投资效率是指通过投资活动投入一定资源,创造净收益或提升企业价值的能力(袁春生等,2006)[2]。

---

[1] 张军,金煜. 中国的金融深化和生产率关系的再检测[J]. 经济研究, 2005(11): 34-45.
[2] 袁春生,杨淑娥. 经济管理防御与企业非效率投资[J]. 经济问题, 2006(6): 40-42.

如果企业因为外部经营环境恶化、内部经营能力较差等原因，不能有效利用自身的资本，这些能力就会出现下降。进而，导致企业的投资效率越来越低，投资不足或过度投资倾向越来越严重，最终导致企业越来越偏离价值最大化。

通常，投资效率指标不能从财务指标中直接取，而需要通过模型来度量。目前，学术界广泛认可的投资效率测算模型是：

① 1988 年 FHP 模型。该模型以托宾 Q 模型为基础，基于"企业融资约束的程度由投资现金流敏感性确定"的前提，将自由现金流和投资约束联系在一起。但是 FHP 模型并不完美。首先，它不能确定"投资－现金流"敏感性来源于投资过度抑或投资不足[①]。其次，该模型把融资约束作为"投资－现金流"敏感性的唯一因素，而忽略了其他相关因素的影响，遭到一些重要学者（如 Kaplan &Zingales，1997[②]）的质疑。

② 1994 年 Vogt 模型。[③] Vogt 模型基于企业投资机会与现金流相关性假设，在模型中加入了现金流与投资机会交乘项，并且以其正负号来刻画"投资－现金流"敏感性的原因。Vogt 模型可以揭示"投资－现金流"敏感性原因，比 FHP 模型（1988 年）前进了一步：交乘项系数大于零，说明公司存在投资不足；交乘项系数小于零，反映公司存在过度投资。

尽管如此，Vogt 模型仍然存在一个重要缺陷，即它只能确定企业存在哪种形式的非效率投资，但是无法具体量化非效率投资的程度。

③ 2006 年 Richardson 模型。[④] Richardson（2006）模型又往前前进了一步，克服了 Vogt 模型（1994）无法量化非效率投资的缺点。它通过构建新增项目投资回归模型，用该模型的残差来计量企业投资中的非预期投资，也就是非效率投资。若该残差值大于 0，表示企业存在过度投资行为，偏离 0 的程度越大，企业的过度投资行为越严重；若该残差值小于 0，则表明企业存在投资不足，偏离 0 的程度越大，企业的投资不足行为越严重。Richardson 模型既

---

① Fazzari S M, Hubbard R G, Petersen B C. Financing Constraints and Corporate Investment [J]. Brookings Papers on Economic Activity, 1988（1）:14–195.

② Kaplan, S. and L. Zingales. Do Investment–Cash Flow Sensitivities Provide Useful Measures of Financing Constraints[J]. Quarterly Journal of Economics, 1997, 112(1):169–215.

③ Vogt S. The Cash Flow–Investment Relationship: Evidence from U. S. Manufacturing Firms[J]. Financial Management, 1994（23）:3–20.

④ Richardson S. Over–investment of Free Cash Flow [J]. Review of Accounting Studies, 2006（11）:159–189.

能确定非效率投资的形式，又能度量非效率投资的程度，有很大的应用价值，得到了国内外学者的一致好评。本文就是运用该模型来衡量"营改增"企业的投资效率。

（2）基于信息不对称视角的投资效率研究回顾

Myers 先后于 1977 年和 1984 年发表了两篇有关信息不对称对公司投资影响的学术论文，开创了投资领域学术研究的新视角。他认为，在公司现有资产价值和投资项目未来发展前景方面，信息不对称现象普遍存在于外部投资者和内部管理者之间，其引发的逆向选择问题是企业投资效率达不到最优的重要因素[1]。

Myers and Majluf（1984）提出了著名的融资优序假说，他们认为外部投资者由于缺乏对公司现有资产和投资项目未来发展的了解，优质公司的证券价格可能会被低估，引发投资不足，因此优质公司只能选择内部现金流进行投资，导致较高的"投资－现金流"敏感性，公司融资顺序应该为：内部融资—债务融资—股权融资[2]。

Fazzari etal（1988）检验了融资约束对公司投资行为的影响。研究发现，融资约束会影响公司的投资行为，外部融资约束会使公司更加依赖于内部现金流，从而提高投资－现金流敏感性[3]。

当然，也存在一些学者对上述研究成果提出质疑。Kaplan and Zingales（1997）以 FHP 面临严重融资约束的公司为研究对象，利用定量信息判断这些公司的融资约束程度，并将他们进行分组，得到与上述研究相反的结论：无融资约束组的"投资－现金流"敏感性反而更高[4]。

可见，现金流与公司投资行为的关系比较复杂，极有可能不是某种简单的线性关系，有待开展进一步实证检验。不出所料，Clearyetal（2007）研究发现投资和现金流关系曲线是 U 形的。

国内学者也从信息不对称视角对我国上市公司投资行为进行了深入研究。

---

[1] Myers, S. C. The Capital Structure Puzzle [J]. Journal of Finance, 1984（39）: 575–592.

[2] Myers, S. and N. Majluf. Corporate Investment and Financing Decisions When Firms Have Information that Investors do not Have [J]. Journal of Financial Economics, 1984（13）:187–221.

[3] Fazzari S M, Hubbard R G, Petersen B C. Financing Constraints and Corporate Investment [J]. Brookings Papers on Economic Activity, 1988（1）:14–195.

[4] Kaplan, S. and L. Zingales. Do Investment–Cash Flow Sensitivities Provide Useful Measures of Financing Constraints[J]. Quarterly Journal of Economics, 1997, 112(1):169–215.

潘敏和金岩(2003)通过分析式研究发现，我国上市公司存在严重的过度投资现象。即使不存在信息不对称，我国上市公司的股权价格已经高于实际价格。将信息不对称因素考虑进来后，我国上市公司发生过度投资的概率更是大幅上升。

崔伟、何一峰（2008）在控制公司规模等因素的情况下，发现会计信息质量和投资-现金流敏感性之间存在反向关系，表明提高会计信息质量有助于抑制企业的非效率投资。

沈红波（2010）等研究金融发展水平与公司融资约束相关性发现，当地金融发展水平越高，公司的融资约束就越低。同时，由于存在信息不对称，金融发展水平对于融资约束具有缓解作用。进一步研究发现，这种缓解作用在民营企业和国有控股企业显著不同，金融发展水平对于民营企业的缓解作用明显大于国有企业。

娄亚萍（2012）通过研究，总结出会计信息质量与企业投资非效率关系路径，认为高质量的会计信息能够通过降低信息不对称，缓解上市公司控股股东代理引发的冲突，进而抑制企业的非效率投资。

罗付岩（2013）以 A 股 2003—2011 年上市公司数据为样本，从银企关系角度研究公司投资效率问题发现，银企关系可以显著抑制投资不足，银企关系紧密可以减弱银企之间的信息不对称程度，缓解融资约束成本，增加投资效率[①]。

肖珉、任春艳、张芬芳（2014）通过对我国不同产权安排下的资本投资效率进行研究发现，地方国有企业更可能出现"现金流富余-投资过度"相关性，缓解道德风险的公司治理和减少政府干预的政府治理有助于改善其投资效率[②]。

张超、刘星（2015）通过研究我国 A 股上市公司内部控制缺陷信息披露与投资效率的时序关系发现，虽然我国上市公司内部控制缺陷信息的可靠性还较弱，但是缺陷信息披露行为对特定企业提高投资效率仍然会产生显著影

---

① 罗付岩. 信息不对称、银企关系与企业投资效率 [J]. 金融经济学研究，2013（6）：9.

② 肖珉，任春艳，张芬芳. 信息不对称、制度约束与投资效率——基于不同产权安排的实证研究 [J]. 投资研究，2014, 33(1): 24–34。

响①。

（3）基于委托代理理论视角的投资效率研究回顾

1976年，Jensen and Meckling最先提出了代理理论，认为由于委托代理问题的存在，管理者掌握企业控制权，会基于自身利益最大化进行决策，从而导致违背投资者利益最大化原则②。代理理论认为企业资源的使用者与提供者之间本质上是契约关系：资源的提供者是委托人，而使用者（常见的是掌管企业资源的经理层）是代理人。当这二者合而为一时，双方利益完全一致，不存在所谓的代理问题；当这二者分开时，也就是公司通过发行股票从外部吸取经济资源时，或者通过举债从债权人那里获得经济资源时，委托人与代理人的目标函数显著不同，代理问题便产生了。

在该理论基础上，Jensen（1986）提出了著名的现金流量假说，认为管理者倾向于将企业多余的现金流用于扩大投资规模、增加管理者薪酬等行为，而不是对投资者进行股利分配。因此，如果企业拥有丰富的自由现金流，那么过度投资问题也将更为严重，即自由现金流和过度投资行为同向变化。

后来，Stulze（1990）通过研究发现，代理问题不但会引起过度投资，而且会导致投资不足。作者认为，投资者已经意识到了管理者可能为了自身利益扩大投资，损害自身的利益，所以会采取自我保护措施而对公司的融资需求索要更高的溢价。当公司确实存在较好的投资项目时，管理者为了吸引投资者投出资金就必须支付较高的融资成本，因而会导致投资不足③。

Strong and Meyer（1990）在后续研究中将投资分为维持投资和任意投资，结果发现，当公司里剩余现金增加时，任意投资现象更为严重。他们的研究结论显然也支持代理理论④。

2005年，Mauer & Sarkar根据投资目标将投资分为股东价值最大化投资和

---

① 张超，刘星.内部控制缺陷信息披露与企业投资效率——基于中国上市公司的经验研究[J]. 南开管理评论，2015, 18(5): 136–150.

② Jensen M. and W. Meckling. Theory of Firm: Managerial Behavior, Agency Costs and Capital Structure[J]. Journal of Financial Economics, 1976, 3(2): 305–360.

③ Stulze, R. Managerial Discretion and Optimal Financing Policies[J]. Journal of Financial Economics, 1990（7）: 3–27.

④ Strong, J. S. and J. R. Meyer. Sustaining Investment, Discretionary Investment, and Valuation: A Residual Funds Study of the Paper Industry[M]. University of Chicago Press, 1990: 127–148.

公司价值最大化投资，结果发现过度投资会引发公司价值下降①。

Richardson（2006）根据投资在公司中的功能定位把企业的总投资分为维持运行投资和新增投资。以1998—2002年样本进行回归分析发现，大约有41%的自由现金流量被管理者留用，20%的自由现金流量用于过度投资。此外，Richardson还发现，公司治理并未对过度投资产生预期的抑制作用②。

上述外文文献基于国外的制度背景，对非效率投资进行了深入的研究。一般认为，国外资本市场比较成熟，委托代理问题主要是管理者和股东之间的第一类代理问题。在我国，公司面临的制度背景与国外有很大的不同，公司股权相对集中，上市公司的非效率投资研究往往基于大股东和中小股东的第二类代理问题。虽然国内学者关于这方面的研究起步较晚，但是也取得了很大进展。

童盼、陆正飞（2005）以"股东－债权人冲突"理论为基础，通过对上海和深圳证券交易所A股上市公司负债融资及负债来源对企业投资行为影响的研究发现，债务比率越高，投资规模越低。换言之，债务比率与公司投资规模二者负相关。与此同时，他们还发现债务融资的渠道不同，债务融资对企业投资规模的影响也不同③。

饶育蕾和汪玉英（2006）从Jensen现金流假说视角研究我国投资与现金流的敏感性。他们以我国的非金融类上市公司为样本，通过实证研究发现，大股东持股比例越高，"投资－现金流"敏感性越低。

2008年，安灵借鉴海洋博弈模型测度股权集中度和制衡度，从最终的所有权性质来考察上市公司的股权制衡和非效率投资之间的关系。作者通过研究发现，股权制衡在民企及县级政府所属公司作用较强，其他公司则表现为不明显，第一大股东的实际控制力对非效率投资行为的影响表现为先加强、后减弱的非线性变化④。

---

① Mauer D C, Sarkar S. Real Option, Agency Conflicts, and Optimal Capital Structure [J]. Journal of Banking & Finance, 2005(29): 1405-1428.

② Richardson, S. Over-investment of Free Cash Flow[J]. Review of Accounting Studies, 2006, 11(2): 159-189.

③ 童盼,陆正飞.负债融资、负债来源与企业投资行为——来自中国上市公司的经验证据[J]. 经济研究, 2005(5):75-84.

④ 安灵,刘星.股权制衡、终极所有权性质与上市企业非效率投资[J].管理工程学报,2008 (2): 122-128.

2009年，程仲鸣和夏银桂以在沪、深股市上市的A股公司为研究样本，从控股股东和中小股东的代理冲突角度出发，研究我国上市公司的控股股东、自由现金流和投资效率的关系。他们发现，国企更容易出现过度投资行为，持股比例的减少也不会减轻由政府管理和控制企业所引起的过度投资行为[1]。

俞红海等（2010）首次通过动态模型法研究公司过度投资问题发现，我国上市公司控制权和管理权的分离程度越高，过度投资行为越严重，中央企业及其他国有企业尤甚[2]。

窦炜（2011）按控股形式将我国上市公司分为多名大股东共同控股和一名绝对控股大股东两类。作者研究发现，这两类控股形式企业的投资行为上存在明显区别，在多名大股东共同控股的企业中，公司的投资行为取决于这些大股东之间的关系：如果大股东利益趋同，共同合谋，将导致加重过度投资行为；如果大股东利益不同，互相挟制，则可以有效降低过度投资行为。在一名大股东绝对控股的企业中，大股东和中小股东之间的代理冲突得到有效缓解。

（4）基于公司治理视角的投资效率研究回顾

理论上，公司治理机制可以通过降低代理成本提高投资效率，所以大量学者对公司代理机制，尤其是其中的激励机制和投资效率之间的关系进行了实证研究。

2007年，辛清泉等以2000—2004年A股上市公司为样本，利用Richardson模型（2006），研究了管理者薪酬与投资效率的相关性。作者发现，管理者现金薪酬越高，其过度投资水平就越低。

张海平（2011）研究股权激励对投资效率的影响时发现，实施股权激励能缓解代理问题，能使管理者和股东利益趋于一致，因此该类型公司的投资效率更高。

7.2.2 "营改增"对企业投资效率影响相关研究

直接研究"营改增"对投资效率影响的相关文献目前还比较有限，但不

---

[1] 程仲鸣,夏银桂.控股股东、自由现金流与企业过度投资[J].经济与管理研究,2009(2): 19-24.

[2] 俞红海,徐龙炳.股权分置改革有效改善了公司绩效吗——基于双重差分模型的估计[J].浙江工商大学学报,2010（1）: 56-63.

乏可以借鉴的间接相关文献。已有研究多集中于"营改增"的税收抵扣效应对固定资产、无形资产投资的影响。"营改增"在促进企业扩大投资规模的同时，是否能够提高企业的投资效率？这是本章的研究重点。在研究"营改增"与投资效率相关性时可以借鉴增值税转型与投资效率相关性研究成果。

胥佚萱、林志伟（2011）通过上市公司2001—2008年的数据，从微观企业角度分析了增值税转型对企业固定资产投资的影响。他们发现，增值税转型导致企业显著提高固定资产投资水平，有助于老工业基地的固定资产更新改造和优化产业结构[①]。

陈丽霖、廖恒（2013）以2007—2010年间企业面板数据为对象，研究了增值税转型对企业生产效率的影响。结果发现，增值税转型提高了企业的生产效率，并且政策效应呈现逐年显现趋势。进一步研究发现，非国有企业的生产效率提高水平高于国有企业，高新技术企业生产效率提高水平高于非一般企业[②]。

杨晨辉（2014）的研究得出与陈丽霖、廖恒（2013）完全相反的结论，增值税转型降低了企业的投资效率，且非国有企业投资效率的降低更加显著。

任爱华（2014）认为"营改增"的实施一方面减少了企业税负，同时也使我国税收杠杆释放企业自主创新的张力愈加明显[③]。作者运用数据模型研究河北省"营改增"政策实施对研发投入的激励效应时发现，我国的"营改增"政策可以有效地增加企业研发投入，增强企业的科研创新能力。

袁从帅、刘晔等（2015）选取239家上市公司的面板数据（2007—2010年），使用双重差分模型，研究了"营改增"对企业投资、劳动雇佣和研发行为的影响。研究发现，"营改增"能够促进企业投资；"营改增"对劳动力雇佣数量没有实质影响，但导致工资水平的提高；"营改增"导致企业对研发人员投入增加，因而有利于企业研发创新[④]。

[①] 胥佚萱,林志伟.增值税转型改革与企业固定资产投资决策——基于中国上市公司数据的面板双重差分模型分析[J].税务与经济，2011(1)：90-97.

[②] 陈丽霖,廖恒.增值税转型对企业生产效率的影响——来自我国上市公司的经验证据[J].财经科学，2013（5）：6.

[③] 任爱华."营改增"促进企业科技创新效应研究——以河北省为例[J].会计之友，2014 (36)：74-76.

[④] 袁从帅,刘晔,王治华,刘睿智."营改增"对企业投资、研发及劳动雇佣的影响[J].中国经济问题，2015（7）：3-13.

李成、张玉霞[①]（2015）以2011—2013三年面板数据，运用双重差分法检验"营改增"的政策效应。他们发现，由于存在税收抵扣效应，"营改增"试点地区企业显著提高了固定资产投资；由于存在税负转嫁效应，试点地区企业人均销售额显著增加。

综上所述，宏观视角已有研究主要关注税收政策对国家总体税负的影响（林采宜，2012；田志伟和胡怡建，2014）；行业视角已有研究主要探讨税收政策对不同行业上市公司税负的影响（刘若鸿和史燕平[②]，2012；杜欢，2012）；微观企业视角已有研究重点关注税收政策对上市公司财务绩效的影响（鲁盛潭和彭景颂[③]，2012），对上市公司固定资产投资、企业R&D研发投入的影响（李成和张玉霞，2015；袁从帅和刘晔，2015）。迄今为止，已有文献探讨了"营改增"政策对不同地区、不同行业和不同股权性质企业固定资产投资等方面的影响，而对投资效率影响的研究仍然比较少。鉴于此，本章研究"营改增"政策在提高企业投资水平的同时对企业投资效率的影响。

7.3 研究假设

7.3.1 "营改增"与投资效率

已有研究发现，信息不对称和代理问题是影响企业投资效率的两种重要因素。

从信息不对称理论角度看，"营改增"主要通过以下方式影响对企业的投资效率。企业实施"营改增"以后，以前缴纳营业税的企业不得抵扣的外购无形资产、固定资产的进项税额，现在可以计入增值税进项税额，进行进项税抵扣。假如企业维持销售额不发生变化，即销项税额维持不变时，用于抵扣的进项税额越高，企业当期应该缴纳的增值税额（为销项税额和进项税额

[①] 李成, 张玉霞. 中国"营改增"改革的政策效应：基于双重差分模型的检验 [J]. 财政研究，2015 (2)：44–49.

[②] 刘若鸿, 史燕平. 新一轮增值税扩围对融资租赁出租人的影响——2012年上海市试点营业税改增值税的政策分析 [J]. 会计之友，2012 (16)：56–57.

[③] 鲁盛潭, 彭景颂. 战略性新兴产业绩效评价分析 [J]. 财会通讯，2013 (7)：25–27.

的差额）当然也就会越少。由于信息不对称，企业受到的外部融资约束比较严重。实施"营改增"的企业减少了每期缴纳的税金金额，使得企业有更多的现金留存于内部，企业因而拥有了更加充足的自由现金流量，可以将其用于投资，从而使企业的融资约束降低。所以，企业有能力把更多的资金运用到投资上，企业投资规模扩大的同时必然会影响企业的投资效率。总而言之，从信息不对称视角来看，"营改增"政策会影响企业的投资效率。

换个角度，从代理理论看，"营改增"主要通过以下方式影响企业的投资效率。在"营改增"企业资本投资规模保持稳定的情况下，随着企业自由现金流的增加，管理层可支配的现金流量增加。在现金流增多的情况下，管理者将会从自身利益出发进行投资，而不是将这些自由现金流量作为股利发放给股东，管理者的投资行为必然会影响企业的投资效率。正如自由现金流量假说一样，如果企业的自由现金流量越来越多，代理冲突问题也将会越来越严重，也就更加容易出现过度投资行为的倾向。所以，从代理理论视角来看，"营改增"政策影响企业的投资效率。

初步分析"营改增"公司的特点不难发现，样本中投资不足企业所占比重非常大。由于"营改增"政策，能够通过降低融资约束、企业通过增加自由现金流量等途径提高企业投资效率的空间就很大。鉴于此，本章提出研究假设1：

H1："营改增"政策整体上提高了企业的投资效率。

7.3.2 行业类别与投资效率

我国实施"营改增"的行业主要为交通运输业和现代服务业，交通运输业企业的税负由3%的营业税税率调整为11%的可抵扣增值税税率，税负增长较多。同时，交通运输业固定资产更新慢，可抵扣的项目比较少，造成了交通运输业出现税负不减反增的现象（诸葛丹[①]，2013）。税收负担的加重，必然会减少交通运输业上市公司的自由现金流，进而降低投资效率。因此，提出本文的假设2：

H2："营改增"政策降低了交通运输业的投资效率。

从税率变化角度，现代服务业由3%~5%的营业税税率变为6%的可抵扣

---

① 诸葛丹."营改增"对上海交通运输业的影响及对策[J].财会研究，2013(2): 29–31.

增值税率，税率的降低将起到明显的减税效果。与交通运输业相比较，现代服务业具有人力资本密集型、外购物品较少、增值税额抵扣额度较小的特点。但是，相比较"营改增"前现代服务业自身缴纳的营业税税额，此次改革还是取得了明显的减税效果。税负的减少必然引起企业的自由现金流的增加，进而提高现代服务业的投资效率。因此，提出本文的假设3：

H3："营改增"政策提高了现代服务业的投资效率。

7.3.3 股权性质与投资效率

按照股权性质，本章将"营改增"上市公司分为国有企业和非国有企业。以往研究表明，股权性质不同的企业所受到的融资约束差异和委托代理问题差别较大，主要体现在如下两个方面：①国有企业通常处于垄断行业，肩负着提高本地 GDP 以及促进就业等政策性的任务，信息透明度不高。此外，作为国企的股东，国家并不能够直接参与企业的日常经营。与非国有企业相比，国有企业中存在着更为严重的代理问题。②国有企业受到的融资约束较轻。比如，业绩下降或者亏损的国有控股公司往往可以从政府处获得补贴，银行愿意为国有控股公司以更低的贷款利率提供更多的贷款，国有控股公司更容易上市等。与私企相比，国企更可能存在多余的自由现金流，发生过度投资行为的可能性更大。"营改增"对企业投资效率的影响是通过融资约束理论和委托代理理论反映出来的，私营企业和国有企业在这两方面的巨大差异，必定会体现在投资效率上面。

本章将国企按现有投资效率进行分组，分为过度投资和投资不足两类。如果企业现在表现为投资不足，那么"营改增"能够通过增加国有企业的自由现金流，减轻企业现存的融资约束情况，进而达到增加企业投资、提高投资效率的效果；如果企业现在表现为投资过度，那么"营改增"则会造成企业的自由现金流增多，投资规模增大，最终造成企业的过度投资行为越来越严重，投资效率降低。因此，本章提出如下两个假设：

H4："营改增"政策降低了过度投资国有企业的投资效率；

H5："营改增"政策提高了投资不足国有企业的投资效率。

7.4 样本选取、变量选择与模型设定

7.4.1 样本选取

表7-1 我国试点地区实行"营改增"时间表

试点地区	试点时间
上海	2012.1
北京	2012.9
江苏、安徽	2012.10
福建、广东	2012.11
天津、浙江、湖北	2012.12
全国其他省份	2013.8—2014.12

如表7-1所示,自2012年1月1日"营改增"政策在上海市交通运输业和部分现代服务业开展试点,至2013年8月1日推广至全国,共涉及6个时间点。本章按试点地区实施"营改增"政策时间的不同,将其分为两批:第一批为9省份试点实施"营改增"政策的2012年;第二批为推广至全国的2013年及2014年。

实证的数据主要来自于上海证券交易所和深圳证券交易所上市公司年报以及CSMAR数据库。为了保证研究成果的可靠性,本章对数据主要进行了以下处理:①根据《上市公司行业分类指引》(证监会2012年)及查阅财务报表核对企业是否实行"营改增",筛选出了交通运输业、软件及信息技术服务业、科学研究和技术服务业等行业的A股上市公司2007—2014年的财务数据;②剔除ST公司和*ST公司的数据;③为了消除极端值对研究结果的影响,对存在极端值情况的变量进行了Winsorize缩尾处理;④对缺失值进行处理。本章进行描述性统计和回归分析所使用的软件为SAS 9.1软件。

7.4.2 变量选择

（1）被解释变量

本章主要借鉴 Richardson（2006）模型来计量非效率投资（Ainvt），并将其定义为企业的实际投资水平与估算投资水平之差。如果 Ainvt 不为 0，意味着企业存在非效率投资，Ainvt 的值偏离 0 的程度越大，非效率投资越严重，投资效率也就越低。当 Ainvt 大于零时，表示为企业存在过度投资；当 Ainvt 小于零时，表示为企业存在投资不足。模型 1 如下：

$$Inv_{i,t} = \beta_0 + \beta_1 Grow_{i,t-1} + \beta_2 Lev_{i,t-1} + \beta_3 Cash_{i,t-1} + \beta_4 Size_{i,t-1} + \beta_5 Ret_{i,t-1} + \beta_6 Inv_{i,t-1} + \beta_7 Age_{i,t-1} + \sum Year + \sum Industry \quad 模型1$$

这里，$Inv_{i,t}$ 表示第 t 年的投资规模。具体为：第 t 年构建固定资产、无形资产和其他长期资产所支付的现金减除第 t 年处置固定资产、无形资产和其他长期资产而收回的现金之差除以期初固定资产。

$Grow_{i,t-1}$ 表示第 t-1 年的成长性。计算成长性主要使用 Tobin Q 值和营业收入增长率。由于 Tobin Q 值理论以完美市场假说为前提，但是我国证券市场的有效性较低，因此本章采用营业收入增长率作为计算成长性代理变量。在稳健性检验中，将用 Tobin Q 值取代营业收入增长率，检验本文的研究结论。

$Lev_{i,t-1}$ 表示第 t-1 年年末财务杠杆，用资产负债率表示，等于负债总额除以资产总额。

$Cash_{i,t-1}$ 表示第 t-1 年年末现金持有量，等于现金及现金等价物余额除以期初总资产。

$Size_{i,t-1}$ 表示第 t-1 年年末总资产的自然对数。

$Ret_{i,t-1}$ 表示第 t-1 年的股票收益率，本章使用考虑现金红利再投资的年个股回报率。

$Inv_{i,t-1}$ 表示第 t-1 年的投资规模。

$Age_{i,t-1}$ 表示企业在 t-1 年的上市年限，也就是从 IPO 至 t-1 年企业上市的年数。

Year 和 Industry 分别表示年度变量和行业变量。

将模型主要变量整理一下，可得表 7-2：

表 7-2　模型 1 主要变量定义

变量名	定义	计算方法
$Inv_{i,t}$	投资规模	（第t年构建固定资产、无形资产和其他长期资产所支付的现金—第t年处置固定资产、无形资产和其他长期资产而收回的现金）÷期初固定资产
$Grow_{i,t-1}$	成长性	营业收入增长率
$Lev_{i,t-1}$	资产负债率	负债总额÷资产总额
$Cash_{i,t-1}$	现金持有量	现金流量表中现金及现金等价物余额÷期初总资产
$Size_{i,t-1}$	规模	年末总资产的自然对数
$Ret_{i,t-1}$	股票收益率	考虑现金红利的年个股再投资回报率
$Inv_{i,t-1}$	投资规模	t-1年的投资规模
$Age_{i,t-1}$	上市年限	企业上市的年数
Year	年份	2007—2014年
Industry	行业	按照中国证监会2012年《上市公司行业分类标准》进行分类

（2）"营改增"变量

本部分设置哑变量 Policy 来代表"营改增"政策的实施。实施"营改增"政策的企业在实施年度及以后年度取值为 1，未实施"营改增"政策的企业在未实施年度取值为 0。上海市、北京市及天津市等共 9 省市在 2012 年实行"营改增"政策，因此 2012 年及以后年度 Policy 取值为 1，其他年度取值为 0。剩余省份在 2013 年全国试点推开时实行"营改增"政策，因此这些省份在 2013 年及 2014 年取值为 1，其他年份取值为 0。在回归模型中，根据"营改增"政策效应（Policy）及其与行业的交乘项（Policy × Industry）、与股权性质的交乘项（Policy × Equity）系数的正负和大小来判断"营改增"政策对投资效率的影响。

（3）分组变量

①根据投资效率分组。当模型 1 的残差大于 0 时，表示企业存在过度投资行为；当模型 1 的残差小于 0 时，表示企业存在投资不足行为。由于"营改增"政策对投资不足企业和过度投资企业的投资效率产生的影响不同，因此本文可以该变量进行分组，分为投资不足（表示为 Underinv）和过度投资（表示为 Overinv），并分别进行研究。

②根据股权性质分组。在我国，股权性质不同的企业所受到的融资约束差别和委托代理问题的差别比较大，因此"营改增"对不同股权性质企业投资效率的影响不同。为了深入研究"营改增"政策对不同股权性质企业的影响，本文将样本按股权性质（表示为 Equity）进行分类，其中国企取值为 1，非国企取值为 0。

③根据行业进行分组。此次"营改增"涉及的行业分为两大类，即交通运输业和现代服务业两个行业。两个行业具有不同的经营特点、股权性质和资本密集度，造成了"营改增"政策对不同行业投资效率的影响有较大区别。因此本文将按行业（表示为 Industry）对样本公司进行分组，交通运输业取值为 1，现代服务业取值为 0。

（4）控制变量

模型 1 的控制变量主要包括 $Grow_{i, t-1}$、$Lev_{i, t-1}$、$Cash_{i, t-1}$、$Size_{i, t-1}$、$Ret_{i, t-1}$ 和 $Age_{i, t-1}$。上文已经分别进行了定义，这里不再赘述。

本文根据项目研究特点选取控制变量，同时主要借鉴申慧慧（2012）、刘慧龙（2014）及叶康涛等（2013）关于投资效率回归模型控制变量的设置。模型 2 和模型 3 共选取了 5 个控制变量，这 5 个控制变量主要分为 2 类：第一类为自由现金流 Fcf；第二类为公司治理指标，包括前十大股东持股比例（Topten）、独立董事比重（Ind）、管理层持股比例（Manho）和董事会规模（Bsize）。

企业自由现金流量的多少是影响投资行为的重要因素，因此需要控制企业的自由现金流量（Fcf），其计算过程为：用经营活动现金净流量减模型 1 估算的最佳资本投资规模，将差值除以期初固定资产余额。

此外，由于代理冲突影响企业的投资效率，而公司治理可以综合反映企业的代理冲突，因此我们还应控制公司治理的相关变量。主要包括：①前十大股东持股比例（Topten），等于前十大股东持股数量/公司总股本数量；②独立董事比重（Ind），等于独立董事的人数除以董事总人数；③管理层持股比例（Manho），等于管理层的持股数量/公司总股本数量；④董事会规模（Bsize），等于董事总人数的自然对数。

表 7-3 模型主要变量定义

变量名	定义	计算方法
Ainvt	非效率投资	模型1计算得到的残差，代表样本的非效率投资程度
Overinv	过度投资	模型1计算得到的残差大于0部分
Underinv	投资不足	模型1计算得到的残差小于0部分
Policy	政策变量	实行"营改增"政策设置为1；未实行设置为0
Industry	行业	交通运输业=1；现代服务业=0
Equity	股权性质	国企=1；非国企=0
Fcf	自由现金流	（经营活动现金净流量－模型1估算的最佳资本投资规模）/期初固定资产余额
Top	第一大股东持股比例	第一大股东持股数量/公司总股本数量
Ind	独立董事比重	独立董事的人数除以董事总人数
Manho	管理层持股比例	管理层的持股数量/公司总股本数量
Bsize	董事会规模	董事总人数的自然对数

7.4.3 模型设定

本章借鉴上文所述经典文献，构建如下模型 2：

$$Ainv = \beta_0 + \beta_1 Policy + \beta_2 Industry + \beta_3 Policy \times Industry + \beta_4 Fcf + \beta_5 Topten + \beta_6 Ind + \beta_7 Manho + \beta_8 Bsize + \varepsilon \quad \text{模型 2}$$

设定模型 2 目的是检验假设 1、假设 2 及假设 3。

其中，Ainv 代表经过模型 1 回归残差计算出来的投资效率，分为 Underinv（投资不足）和 Overinv（过度投资）两种情况。β_1 代表"营改增"政策对企业非效率投资的影响；β_2 代表行业对非效率投资的影响；β_3 为交乘项的系数，表示"营改增"政策对不同行业上市公司非效率投资的影响。如果系数 β_1 统计检验显著，说明"营改增"政策影响企业的投资效率，根据系数的正负判断对企业总体投资效率的影响方向，验证假设 1。如果系数 β_2 统计检验显著，说明"营改增"政策对不同行业投资效率影响不同。通过研究"营改增"政策对交通运输业和现代服务业的影响，验证假设 2 和假设 3。

将投资效率分组检验，构建模型 3.1 和模型 3.2 如下：

$$Ainv = \beta_0 + \beta_1 Policy + \beta_2 Equity + \beta_3 Policy \times Equity + \beta_4 Fcf + \beta_5 Topten + \beta_6 Ind + \beta_7 Manho + \beta_8 Bsize + \varepsilon \quad \text{模型 3}$$

$$Overinv = \beta_0 + \beta_1 Policy + \beta_2 Equity + \beta_3 Policy \times Equity + \beta_4 Fcf + \beta_5 Topten + \beta_6 Ind + \beta_7 Manho + \beta_8 Bsize + \varepsilon \quad \text{模型 3.1}$$

$$Underinv = \beta_0 + \beta_1 Policy + \beta_2 Equity + \beta_3 Policy \times Equity + \beta_4 Fcf + \beta_5 Topten + \beta_6 Ind + \beta_7 Manho + \beta_8 Bsize + \varepsilon \quad \text{模型 3.2}$$

本章将投资效率（Ainv）分为投资不足和过度投资两种，分别构建模型3.1和模型3.2进行讨论。

设定模型3.1目的是检验假设4。其中，β_1代表"营改增"政策对过度投资企业投资效率的影响；β_2代表股权性质对过度投资企业投资效率的影响；β_3为交乘项的系数，代表"营改增"政策对过度投资国企投资效率的影响。如果系数显著为正，说明"营改增"政策提高了过度投资国企的非效率投资，降低了其投资效率，验证假设4。

设定模型3.2目的是检验假设5。其中，β_1代表"营改增"政策对投资不足企业投资效率的影响；β_2代表股权性质对投资不足企业投资效率的影响；β_3为交乘项的系数，代表"营改增"政策对投资不足国企投资效率的影响。如果系数显著为正，说明"营改增"政策降低了过度投资国企的非效率投资，增强了其投资效率，验证假设5。

7.5 实证检验

7.5.1 样本分析

本文选取了A股"营改增"上市公司2007—2014年的财务数据，在研究的过程中，主要考虑样本公司的股权性质和行业性质。根据表7-4可知，2007—2014年8年期间，交通运输业样本数量基本保持稳定，增长速度较慢，样本占比逐年下降。现代服务业样本数量逐年递增，增长幅度较大，所占总体比重更是从2007年的42.27%增长到了2014年的70.74%。

根据表 7-5 可知，样本公司中国企数量增长速度较慢，样本占比逐渐降低；非国企数量迅猛增长，所占比重更是由 2007 年的 28.87% 增加到了 2014 年的 60.70%。经过进一步分析，不难发现，行业增长和股权增长具有相似性，这主要是因为样本公司中增长最多的为现代服务业企业，而该行业中大部分企业的股权性质为非国企。

根据表 7-6 可知，样本公司投资效率分布中，投资不足样本所占比重大于过度投资企业，并且比重呈现增长趋势，说明样本公司中，投资不足企业较多。

表 7-4 样本公司行业分布

年份	交通运输业数量	交通运输业比重	现代服务业数量	现代服务业比重
2007	56	57.73%	41	42.27%
2008	56	54.37%	47	45.63%
2009	59	46.09%	69	53.91%
2010	64	38.79%	101	61.21%
2011	65	34.21%	125	65.79%
2012	67	32.06%	142	67.94%
2013	67	30.59%	152	69.41%
2014	67	29.26%	162	70.74%

表 7-5 样本公司股权性质分布

年份	国企	国企比重	非国企	非国企比重
2007	69	71.13%	28	28.87%
2008	70	67.96%	33	32.04%
2009	72	55.38%	58	44.62%
2010	80	48.48%	85	51.52%
2011	82	43.16%	108	56.84%
2012	87	41.63%	122	58.37%
2013	88	40.18%	131	59.82%
2014	90	39.30%	139	60.70%

表 7-6 样本公司投资效率分布

年份	过度投资数量	过度投资比重	投资不足数量	投资不足比重
2007	41	46.07%	48	53.93%
2008	30	30.93%	67	69.07%
2009	35	33.98%	68	66.02%
2010	39	30.47%	89	69.53%
2011	68	41.21%	97	58.79%
2012	45	23.68%	145	76.32%
2013	51	24.40%	158	75.60%
2014	65	29.68%	154	70.32%

7.5.2 描述性统计

表 7-7 主要变量描述性统计

变量	平均值	标准差	中位数	最小值	最大值
Inv	1.050	2.620	0.290	−0.190	18.41
Grow	0.220	0.460	0.140	−0.530	2.810
Lev	0.410	0.520	0.360	0.0100	8.610
Cash	0.320	0.360	0.220	0	2.570
Size	21.72	1.430	21.47	16.76	26.07
Ret	0.480	1.010	0.180	−0.730	3.700
Age	8.460	5.990	7.050	0.780	24.05
Ainv	0.000	2.438	−0.315	−6.966	17.64
Fcf	2.330	5.080	0.350	−6.390	15.38
Ind	0.370	0.0500	0.330	0.200	0.600
Topten	0.620	0.170	0.640	0.110	1.000
Manho	0.150	0.220	0	0	0.820
Bsize	1.200	0.240	1.100	0	2.200

根据表 7-7 可知，样本公司的投资规模（Inv）相差较大，最小值为负的 0.190，最大值为正的 18.41。中位数为 0.290，但是平均值却为 1.050，说明有

一部分样本的投资规模比较大，使得总体平均值提高。在投资机会（Grow）方面，样本公司增长率的方差为 0.460，比较小，说明样本公司的投资机会较为集中。在资产负债率（Lev）方面，样本公司的平均值为 0.410，中位数为 0.360，说明资产负债率普遍较为偏高。公司的现金持有量（Cash）平均值为 0.320，方差较小，说明样本公司该指标分布较为集中。从样本公司的规模（Size）来看，平均值为 21.72，方差为 1.430，说明样本公司的规模普遍较大。样本公司的上市年限（Age）为 8.460，但是标准差达到了 5.990，说明上市年限差别较大。

样本公司的非效率投资（Ainv）中位数为负，说明有一半以上样本存在投资不足情况。样本的平均值为 0，标准差为 2.438。但是，最大、最小值分别为 17.64 和 -6.966，说明样本公司总体非效率投资的偏离程度不大，同时说明过度投资样本非效率投资的偏离程度大于投资不足样本非效率投资的偏离程度。样本公司的自由现金流（Fcf）平均值为 2.330，中位数却只有 0.350，说明总体水平偏低，但是存在极端情况。独立董事所占比重（Ind）均值为 0.370，标准差非常小，说明我国独立董事人数普遍占董事会总人数的 1/3，符合国家关于独立董事比例的要求。前十大股东持股比例（Topten）较高，最大甚至达到全部持股，说明了样本公司股权比较集中。我国的管理层持股比例（Manho）中位数为 0，平均值为 0.150，说明样本公司有一半管理层不持有本公司股份，即使持有公司的股份，所占比例也比较低。董事会规模（Bsize）均值为 1.200，标准差为 0.240，说明样本公司的董事会规模相差不大，人数普遍集中为 9 人左右。

7.5.3 相关系数分析

表 7-8 列示本文回归分析模型主要变量的相关性分析结果。由表 7-8 可知，投资效率（Ainv）和自由现金流量（Fcf）显著正相关，相关系数为 0.1787，说明自由现金流可以显著影响企业的投资效率；管理层持股比例（Manho）和投资效率（Ainv）显著负相关，相关系数为 -0.0963，说明代理问题确实显著影响样本公司的投资效率。其他变量之间也存在相关性，但是相关系数比较小，均未超过 0.25，说明变量之间不存在多重共线性问题。

表 7-8 Pearson 相关性分析结果

	Ainv	Fcf	Topten	Ind	Manho	Bsize
Ainv	1					
Fcf	0.1787*	1				
Topten	−0.0360	0.0243	1			
Ind	0.00450	0.0392	0.0419	1		
Manho	−0.0963*	0.1442*	0.1725*	0.1138*	1	
Bsize	−0.0016	−0.011	0.0803*	0.0838*	−0.2209*	1

注：* 表示在 10% 水平显著。

7.5.4 回归分析

（1）模型 2 回归分析

表 7-9 列示了模型 2 回归结果。本文的被解释变量 Ainv 是模型 1 回归计算得出的残差，因此在进行模型 2 回归时造成拟合度较低。"营改增"的政策效应（Policy）在 5% 的水平上显著，且系数为正，说明本次"营改增"政策实施影响了样本企业的投资效率，并且这种影响是正向的，从而验证了本文的假设 1。

实行"营改增"的行业主要分为交通运输业和现代服务业，这两个行业在经营特点、规模和改制后的增值税税率等方面均存在显著不同，因此"营改增"对这两个行业的投资效率产生不同的影响。交乘项 Policy×Industry 在 5% 的水平上显著相关，且系数为负，说明了"营改增"政策对不同行业的投资效率产生不同的影响。"营改增"政策实施对交通运输业（Industry=1）投资效率的影响为负（−0.284），说明"营改增"政策降低了交通运输业的投资效率，验证了假设 2。"营改增"的政策效应对现代服务业（Industry=0）投资效率的影响为正（0.157），从而验证了假设 3。

行业代理变量（Industry）在 1% 的水平上显著为正，说明不同行业对非效率投资的影响不同。自由现金流（Fcf）在 1% 的水平上显著为正，说明自由现金流增加了企业的非效率投资，即自由现金流越多，投资效率越低，从一定程度上验证了现金流量假说（Jensen，1986）的正确性。前十大股东持股比例（Toptem）在 5% 的水平上和非效率投资显著负相关，说明了前十大股东持股比例越高，公司的投资效率越低。因为大股东为了自身利益串谋，导致公司代理问题越来越严重，代理冲突加剧，最终导致投资效率显著降低。

表 7-9 模型 2 回归结果

变量	系数	t值	p值
Policy	0.157**	1.97	0.049
Industry	0.573***	6.25	0.000
Policy × Industry	−0.284**	−2.28	0.023
Fcf	0.088***	7.38	0.000
Topten	−0.470**	−2.38	0.018
Ind	0.776	1.31	0.189
Manho	−0.167	−0.95	0.341
Bsize	−0.097	−0.76	0.446
常数	−0.456*	−1.68	0.094
调整后R^2		0.0755	
F值		12.8	

注：* 表示 $p<0.1$，** 表示 $p<0.05$，*** 表示 $p<0.01$

（2）模型 3 回归分析

由表 7-10 可知，调整后的 R^2 为 0.1725，F 值为 10.85，说明过度投资企业投资效率模型的回归结果拟合优度较好。"营改增"政策变量（Policy）在 10% 的水平上显著，且系数为负，说明"营改增"政策可以降低过度投资企业的非效率投资，增强过度投资企业的投资效率。

由于股权性质不同，国有企业和非国有企业在融资约束和代理问题等方面都存在很大的不同，因此"营改增"对不同股权性质企业的投资效率产生不同的影响。交乘项（Policy × Equity）在 1% 的水平上显著为正，说明"营改增"政策对不同股权性质的企业产生显著不同的影响。当企业为国企时（Equity=1），"营改增"政策效应对其投资效率的影响为正（1.933），说明"营改增"政策提高了过度投资国企的非效率投资效率，降低了过度投资国企的投资效率，验证了假设 4。

股本性质（Equity）在 1% 的水平下显著为负，说明不同股权性质对过度投资企业非效率投资的影响不同。过度投资企业的自由现金流（Fcf）在1%的水平上显著为正，说明随着自由现金流的增加，过度投资企业的非效率投资也随之增加，从而造成投资效率的降低。管理层持股比例（Manho）在5%的水平上显著正相关，说明管理层持股比例增加，会降低过度投资企业的投资效率。

表7-10　模型3.1过度投资企业回归结果

变量	系数	t值	p值
Policy	−0.934*	−1.67	0.0966
Equity	−1.693***	−3.15	0.0018
Policy × Equity	1.933***	2.69	0.0074
Fcf	0.333***	6.14	<0.0001
Topten	0.117	0.11	0.9139
Ind	2.268	0.73	0.4631
Manho	2.707**	2.39	0.0174
Bsize	1.399*	1.72	0.0856
常数	−0.541	−0.35	0.7232
调整后R^2	0.1725		
F值	10.85		

注：* 表示 $p<0.1$，** 表示 $p<0.05$，*** 表示 $p<0.01$

表7-11　模型3.2投资不足企业回归结果

变量	系数	t值	p值
Policy	0.196***	2.74	0.0062
Equity	0.497***	5.88	<0.0001
Policy × Equity	−0.217**	−2.08	0.0379
Fcf	0.018	1.50	0.1341
Topten	−0.460***	−2.69	0.0072
Ind	−0.770	−1.47	0.1409
Manho	−0.544***	−3.45	0.0006

续表

变量	系数	t值	p值
Bsize	0.130	1.26	0.2092
常数	−0.621***	−2.62	0.0089
调整后R^2		0.1423	
F值		17.10	

注：* 表示 p<0.1，** 表示 p<0.05，*** 表示 p<0.01

由表 7-11 可知，调整后的 R^2 为 0.1423，F 值为 17.10，说明投资不足企业关于投资不足模型的回归结果拟合优度较好。"营改增"政策变量（Policy）在 1% 的水平上显著，且系数为正，说明"营改增"政策降低了投资不足企业的非效率投资，提高了投资不足企业的投资效率。投资不足企业的股权性质（Equity）在 1% 的水平上和非效率投资显著正相关，证明了股权性质不同对投资不足企业的投资效率也会产生不同的影响。

交乘项 Policy×Equity 在 1% 的水平上显著为负，说明"营改增"政策会对投资不足企业中的国企和非国企的投资效率产生不同的影响。对于国企（Equity=1）而言，"营改增"政策效应对其投资效率的影响为负（−0.217），说明"营改增"政策提高了投资不足国企的非效率投资，降低了投资不足国企的投资效率，与本文的假设 5 相矛盾，假设 5 没有得到验证。

前十大股东持股比例（Topten）和管理层持股比例（Manho）均在 1% 的水平上显著为负，说明前十人股东持股比例和管理层持股比例增高，均会增加投资不足企业的非效率投资，降低投资不足企业的投资效率。

综合过度投资和投资不足两类企业的回归结果，本章得出如下结论：①无论是过度投资还是投资不足企业，"营改增"政策均能从总体上提高企业的投资效率，从而验证了本文的假设 1；②"营改增"政策降低了过度投资国企的投资效率，验证本文的假设 4；③"营改增"政策降低了投资不足国企的投资效率，与假设 5 相反，假设 5 未得以验证。进一步研究发现，投资不足国企主要隶属于交通运输业。由于此次改革实质上引起了交通运输业税负的增加，自由现金流减少，最终导致投资效率的降低。

7.5.5 稳健性检验

本章研究的可靠性主要取决于投资效率计算结果的可靠性。为了验证本章结论的可靠性，这里改变投资效率的估计方法，重新运行上述实证模型。

稳健性检验的步骤是：第一步，替换公司成长性衡量指标，用托宾Q值取代营业收入增长率，重新运行本文的第一个模型（Richardson模型）得到投资效率；第二步，再运行模型2和模型3，分别检验上述四个研究假设。

表7-12 模型2稳健性检验回归结果

变量	系数	t值	p值
Policy	0.301***	3.88	0.0001
Industry	0.645***	6.93	<0.0001
Policy × Industry	−0.446***	−3.55	0.0004
Fcf	−0.061***	−8.98	<0.0001
Topten	−0.783***	−3.86	0.0001
Ind	0.959	1.61	0.1067
Manho	−0.388**	−2.27	0.0235
Bsize	−0.150	1.16	0.2463
常数	−0.318	−1.16	0.2471
调整后R^2		0.1741	
F值		33.00	

注：* 表示 $p<0.1$，** 表示 $p<0.05$，*** 表示 $p<0.01$

表7-13 模型3.1稳健性检验回归结果

变量	系数	t值	p值
Policy	−0.831	−1.32	0.1889
Equity	−2.106***	−3.50	0.0005
Policy × Equity	2.293***	2.80	0.0054
Fcf	0.336***	5.79	<0.0001
Topten	0.272	0.23	0.8151
Ind	1.707	0.49	0.6250

续表

变量	系数	t值	p值
Manho	1.859	1.45	0.1476
Bsize	1.304	1.49	0.1366
常数	0.132	0.08	0.9367
调整后R^2		0.1813	
F值		10.44	

注：* 表示 $p<0.1$，** 表示 $p<0.05$，*** 表示 $p<0.01$

表 7-14 模型 3.2 稳健性检验回归结果

变量	系数	t值	p值
Policy	0.170***	2.74	0.0063
Equity	0.505***	6.90	<0.0001
Policy × Equity	−0.106	−1.18	0.2388
Fcf	0.009	0.83	0.4072
Topten	−0.6112***	−4.10	<0.0001
Ind	−0.583	−1.30	0.1931
Manho	−0.573***	−4.19	<0.0001
Bsize	−0.017	−0.19	0.8471
常数	−0.408**	−1.98	0.0485
调整后R^2		0.2067	
F值		27.52	

注：* 表示 $p<0.1$，** 表示 $p<0.05$，*** 表示 $p<0.01$

根据表 7-12 列示的模型 2 的稳健性检验回归结果可知，该模型拟合优度比较好。"营改增"政策代理（Policy）在 1% 的水平上显著为正，验证了本文假设 1 的稳健性。交乘项 Policy × Industry，代表"营改增"政策对不同行业投资效率的影响，系数在 1% 的水平上显著为负，说明了"营改增"政策对不同行业投资效率影响不同。"营改增"的政策效应对交通运输业（Industry=1）投资效率的影响为负（−0.446），说明"营改增"政策降低了交通运输业的投资效率，验证了假设 2 的稳健性。"营改增"的政策效应对现代服务业（Industry=0）投资效率的影响为正（0.301），从而验证了假设 3。

模型 3.1 中"营改增"的政策效应（Policy）不显著，模型 3.2 中交乘项 Policy×Equity 也不显著。本文认为，出现此结果，是因为直接使用国泰安数据库中的托宾 Q 值，而未对其进行相关处理所致。接下来将会从这个角度出发，精确托宾 Q 的值，检验本文中相关假设的稳健性。

7.6 本章研究结论

随着"营改增"规模的扩大，试点行业及其所属企业的数量也随着改革步伐的加快而逐渐增多。"营改增"主要在现代服务业和交通运输业实施，其政策效应十分引人关注。本章选取 2007—2014 年共 8 年的面板数据，通过设置交乘项，考察"营改增"对企业投资效率的影响，得到如下四个主要研究结论。

总的来看，实行"营改增"的上市公司中，投资不足公司所占比重较大。"营改增"总体上起到了明显的减税效果，增加了总体的现金流量，提高了样本公司整体投资效率。所以，本章提出的假设 1 得到验证。

由于本次"营改增"政策实施涉及到的上市公司来自交通运输业和现代服务业，而这两个行业具有不同的股权性质和行业特点，所以"营改增"对这两个行业的上市公司产生的影响可能不同。因此，在研究中本章区分行业类别，分别研究"营改增"政策对这两个行业的影响。研究结果表明，"营改增"政策导致交通运输业企业的投资效率降低，本章假设 2 得到验证；"营改增"政策提高了现代服务业的投资效率，本章假设 3 得到验证。

企业的股权性质不同，其受到的融资约束和代理冲突也不同，这也可能影响企业的投资效率。本章将样本公司按行业类别分为国有企业和其他企业，主要研究"营改增"政策对国企投资效率的影响。实证结果表明，"营改增"政策降低了过度投资国有企业的投资效率，因而本章假设 4 得到验证。

第8章 "营改增"盈余管理研究

8.1 文献综述

改革开放以来,我国增值税制一直处于不断改革变化之中。国内学者对此进行了持续跟踪研究。研究内容涵盖面很广,比如2007—2009年两税合并的设计、增值税改革和在2012年实施的"营业税改征增值税",相关研究涉及其他税种,如所得税改革与盈余管理之间的关系。总的看来,以往研究更多关注增值税税率研究、增值税改革经验研究和增值税税负研究等,目前鲜见"营改增"与盈余管理相关性研究。

8.1.1 国外文献综述

1)与盈余管理相关的国外文献综述

Halaoua等(2017)发现公司规模和机构投资者结构对于盈余管理有积极的影响。Hosseini等(2016)表明,盈余管理的动机与盈余反应系数之间没有关系,而盈余管理的动机与盈余反应系数之间有着负相关关系。Chen和Gavious(2016)发现,一个董事会中占有一定席位的女性对于企业盈余管理的影响与其财务素养的专业性不相符。然而,董事会中一定席位财务专业性的女性董事的存在对抑制盈余管理有重要影响。Norfadzilah和Omar(2016)指出盈利能力(EAB)、偿债能力和非财务因素(NFF)与盈余管理程度(EM)之间的显著关系。因此,这些证据可以被用来作为潜在的和现有的利益相关者之间的协调机制,以协助他们作出更加明智的决策。

2)与机构投资者相关的国外文献综述

Zabri等(2016)发现,董事会规模与ROA有微弱显著的负相关关系,但是与ROE的相关性不明显。其他研究还发现,董事会独立性和公司绩效之间没有关系。这项研究为决策者或监管机构在未来改善机构投资者政策提供了有用的信息,也有助于越来越多地了解机构投资者和公司业绩之间的相关性。Akbar等(2016)研究发现,以往研究显示机构投资者对企业绩效的积极影响可能偏向他们无法控制的潜在的内生性。作者的研究结果基于GMM方法,控制不可观测的异质性和动态内生性的影响,同时提出更可靠的结论。

Docekalova 和 Kocmanová（2015）旨在协助想要改善机构投资者绩效的学术人士和企业从业者，并通过使用关键绩效指标，支持其业务的透明度和可持续性。

8.1.2 与盈余管理相关的国内文献综述

1）基于真实盈余管理和应计盈余管理

李增福等（2011）发现预期税率上升与真实盈余管理活动更相关，而预期税率下降与应计盈余管理项目更相关。同时发现，国有企业存在显著减少应计项目操控的现象。但存在显著的真实活动盈余管理的情况[1]。胡姣和彭卉（2016）结合建筑业自身特点，分别从筹资、投资、资金营运、现金流量和资金分配的角度，从机理上分析了"营改增"对于建筑业上市公司盈余管理的影响机制[2]，认为"营改增"会使得固定资产投资价值增加，通过进项税额抵扣和费用资本化可以优化盈余管理。他们还发现"营改增"会造成营业收入的增加和营业成本的减少。同时，"营改增"对现金流量的影响可能是双向的。基于此，二位作者提出了建筑业企业应对"营改增"的策略。孟令训（2014）研究交通运输业上市公司"营改增"与盈余管理敏感性时，根据微观角度的税负影响分析，采用自创的盈余管理变量——新增可移动固定资产与营业收入的比值，建立实证模型。作者发现，"营改增"以后，企业为了降低税负，会通过大量购置可移动固定资产来获得可抵扣进项税额[3]。杨榛（2015）选用原增值税企业和"营改增"企业为研究对象，分别考察"营改增"前后两组样本企业各自盈余管理水平的差异，以及这种差异是否是由于营业税改征增值税而引起的[4]。

陆正飞等（2008）发现上市公司的盈余管理行为损害了会计信息的债务契约有用性。控制借款期限、借款类型等因素前后，文章均发现盈余管理程度对新增银行长期借款与会计信息的相关性不存在显著差异[5]。仅针对真实盈

---

[1] 李增福，曾庆意，魏下海.债务契约、控制人性质与盈余管理[J].经济评论，2011（6）：14-98.
[2] 胡姣，彭卉."营改增"对建筑企业盈余管理的影响分析[J].商，2016（24）：24-115.
[3] 孟令训."营改增"对交通运输业上市公司盈余管理的影响[D]. 青岛理工大学，2014.
[4] 杨榛.营业税改征增值税对企业盈余管理的影响研究[J]. 中国市场，2015（49）：49-54.
[5] 陆正飞，祝继高，孙便霞. 盈余管理、会计信息与银行债务契约[J].管理世界，2008（3）：144-950.

余管理，李彬和张俊瑞（2010）发现上市公司销售操控行为有损于股东未来获利能力和公司未来投资水平，具有严重经济后果[①]。卢太平和张东旭（2014）则对盈余管理行为进行了成本收益分析，解释了融资对于盈余管理的双重作用问题。由于盈余操控成本较大，融资约束对企业的盈余管理行为起抑制作用；由于需求较大，融资需求导致较多的盈余管理行为发生[②]。龚启辉和吴联生（2015）将两类盈余管理结合分析，研究的是它们之间的替代作用，发现盈余管理成本的增加造成某类盈余管理程度的下降、另一类盈余管理程度的上升，盈余管理总量下降；相对应地，盈余管理成本的下降造成某类盈余管理程度的上升、另一类盈余管理程度的下降，盈余管理总量上升[③]。鉴于应计项目的盈余管理有很多模型，王祖山和毛宏安（2007）就基于异常应计项目的盈余质量计量模型，如琼斯模型、修正的琼斯模型和K-S模型等，对其不同的效度进行了评价[④]。

2）关于机构投资者与应计和真实盈余管理

薄仙慧和吴联生（2009）结合股权性质，对机构投资者和应计盈余管理进行实证分析后发现，非国有企业的正向盈余管理对机构投资者持股比例比较敏感，且呈负相关关系。国有控股企业没有明显的影响负向应计盈余管理的行为。李增福等（2013）同样是结合股权性质进行分析，但这篇文章针对的是真实的盈余管理部分。文章发现在真实盈余管理水平上，国有企业要显著高于非国有公司。再加入机构投资者变量后，发现机构投资者对真实盈余管理行为有一定的抑制作用。同时，这一抑制作用的程度在不同股权机构之间也有区别，国有公司的抑制作用要显著小于非国有公司。

以上是分别针对机构投资者对应计和真实活动盈余管理的某一方面文献。大多数学者综合了上述两种方式，囊括了应计项目盈余管理和真实活动盈余管理两个方面。

孙光国、刘爽和赵健宇（2015）的研究与其他文章不同的是，他除了研

---

① 李彬，张俊瑞．实际活动盈余管理的经济后果研究：来自销售操控的证据[J]．管理评论，2010（9）：160-161．
② 卢太平，张东旭．融资需求、融资约束与盈余管理研究[J]．会计研究，2014（1）：76-82．
③ 龚启辉，吴联生，王亚平．两类盈余管理之间的部分替代[J]．经济研究，2015（6）：23-24．
④ 王祖山，毛宏安．基于应计项目的盈余质量计量模型[J]．财会通讯（学术版），2007（4）：66-72．

究机构投资者对盈余管理的影响,还考虑了大股东控制对这一机制的削弱作用。研究发现,上市公司机构投资者持股比例显著抑制盈余管理水平,这一抑制作用相对于国有企业,在非国有上市公司中更为显著[①]。于忠泊等(2011)在对这一效应的研究中,引入了媒体关注变量。文章发现媒体关注意味着市场压力,市场压力会增强基于应计项目的盈余管理,而对真实活动盈余没有显著影响,因为后者对公司长期业绩损害较大。机构投资者会抑制这一损害程度。李延喜等(2011)考虑了机构投资者的持股比例对盈余管理的影响。文章发现机构投资者积极地对盈余管理实施监管职能,以较高的持股比例为前提,并对"较高"这一程度进行具体化,高于13.07%的持股比例,机构投资者才能够有效抑制盈余管理。文章还发现机构股东的数量也是决定这一抑制作用的关键因素。股东数量过多会造成管控能力的分散,进而削弱机构投资者对盈余管理的抑制作用。

综上所述,从盈余管理角度,国内外学者对应计盈余管理的研究主要采用琼斯模型、修正的琼斯模型和 K-S 模型。本章借鉴修正的琼斯模型对异常应计项目的盈余质量进行衡量。由于"营改增"对应计和真实盈余管理的作用之间没有必然联系,因此本文需要分别针对"营改增"对应计盈余管理和"营改增"对真实盈余管理的影响进行分析。从机构投资者与盈余管理角度,已有研究文献认为,机构投资者能够有效抑制盈余管理水平。

8.2 理论分析与假设提出

8.2.1 "营改增"对盈余管理的影响

根据以往的研究文献,公司管理者的盈余管理行为包含应计盈余管理和真实盈余管理两类,因此本章从这两方面进行分析。

1)"营改增"对真实盈余管理的影响

对于真实盈余管理,本章借鉴 Roychowdhury(2006)的研究方法,利用经营性现金流量水平、费用以及生产成本三种方式来衡量真实盈余管理活

---

① 孙光国,刘爽,赵健宇.大股东控制、机构投资者持股与盈余管理[J].南开管理评论,2015(5):154-980.

动[①]。

(1)"营改增"对于生产成本项目盈余管理的影响

① 避税角度。根据以往相关文献,交通运输业和部分现代服务业上市公司"营改增"后税负普遍降低。因此有理由相信,管理者通过真实盈余管理避税的动机减弱了。

② 税收制度角度。"营改增"实施之前,营业税的计征遵循如下比较简单的公式:

应纳税额 = 营业额 × 税率

纳税人的营业额为纳税人提供应税劳务、转让无形资产,或者销售不动产,向对方收取的全部价款和价外费用,也就是毛收入,不作任何扣除。制造企业接受服务的费用没有进项抵扣因而有重复征税的问题。

"营改增"之后,税收环境和增值税纳税制度更加规范,无论是货物生产销售,还是服务业收入都征收增值税,增值税环环相扣的抵扣链条更加完整,企业管理层进行真实盈余管理的难度增加了。

③ 税收环境规范角度。营业税纳税环境下,企业生产成本由外购材料和营业税构成。对于其中营业税的部分,税务部门对营业额的甄别,往往会碰到一些特殊情况,很难做到不漏征,不超征,必须合理确定纳税企业的营业额。例如税法规定,国内运输企业运送旅客或货物出境,在境外转手,改由其他运输企业承运,那么,可以将全程运费作一定扣除,即减去付给境外承运企业的运费,把余额作为国内运输企业的营业额。企业可能出于降低生产成本等目的,少缴、漏缴营业税,造成成本的降低和盈余的增加。因此,"营改增"前,企业有通过生产成本项目增加盈余的可能。

增值税纳税环境下,税收环境更加规范,销售活动均需要开具增值税专用发票,降低了漏税的可能。"营改增"后,企业通过生产成本项目实现盈余增加的可能大大降低,即生产成本项目盈余管理水平大大降低。

④ 进项税抵扣角度。营业税纳税环境下,当企业从一般纳税人处购买商品时,由于相关的进项税无法抵扣,只能计入生产成本,使得生产成本往往

---

① Roychowdhury, S. Earnings management through real activities manipulation [J]. Journal of Accounting and Economics, 2006, 42 (3): 335-370.

很大,但卖价又不能得到相应的提高。因此,企业经常出于降低生产成本的目的,进行过度生产以降低单位销售成本,甚至通过与卖家协商,不付、少付增值税,使得成本降低和盈余增加。因此,"营改增"前,企业有通过生产成本项目实现盈余增加的可能。

而"营改增"之后,进项税可以抵扣了,形成了完整的税负抵扣链条,企业采购的进项税可以在销售时进行抵扣。税负并不会对本身的生产成本造成影响,企业通过生产成本项目实现盈余增加的可能大大降低,即生产成本项目盈余管理水平大大降低。

综合①②③④的分析,"营改增"后,管理者进行生产成本项目真实盈余管理的难度增加且动机减弱。

因此,本文假设"营改增"可能导致生产成本项目盈余管理程度降低。

(2)"营改增"对于费用项目盈余管理的影响

营业税纳税环境下,当企业从一般纳税人处购买商品时,由于相关的进项税无法抵扣,费用化部分计入费用项目。又根据下文"2)"中"'营改增'对应计盈余管理的影响"的分析发现"营改增"使得公司采用应计盈余管理做大利润,这又使得所得税费用增加。本章认为这两种影响使得"营改增"对于费用项目的真实盈余管理的作用是相反的,从整体来看可能很难确定费用项目对利润的真实盈余管理行为的影响。这一影响是否显著的证明会在之后利用上市公司费用项目数据进行实证检验。

(3)经营性现金流量项目盈余管理的影响

"营改增"对经营性现金流量项目的真实盈余管理的作用,和2)中对费用项目的真实盈余管理的影响类似。从整体来看可能很难确定经营性现金流量项目对利润的真实盈余管理行为的影响。胡姣和彭卉(2016)也发现"营改增"对现金流量的影响是双向的,因此利用经营性现金流量项目影响利润的真实盈余管理行为整体上很可能没有显著变化。这一影响是否显著的证明会在之后利用上市公司费用项目数据进行实证检验。

综合"营改增"对于经营性现金流量水平、费用以及生产成本项目盈余水平的影响,本章提出研究假设1:

假设1:"营改增"后,上市公司通过生产成本项目实现真实活动盈余管理程度显著降低,费用和经营性现金流量项目的真实盈余管理程度没有显著变化。

2)"营改增"对应计盈余管理的影响

(1)"营改增"使得应计盈余管理的空间增大

由于"营改增"在实施初期,还不够成熟,相关的会计准则还不够完善。同时还采取分地区逐渐推广的方式进行,各地区间的营业税和增值税方面的会计制度有较大差异,甚至某些地区不同年度的税收制度也有很大差距,这就给盈余管理操纵留出了很大的空间。

企业可以采取同时间跨地区、同地区跨时间,甚至抓住相关会计准则的疏漏,改变盈余在不同会计期间的分布。例如,由于"营改增"之前缴营业税,"营改增"之后缴增值税,而增值税可以抵扣,企业可以出于降低税收的目的,将应于"营改增"之前确认的销售收入在"营改增"之后确认。

(2)管理层会充分利用应计盈余管理空间增大效应

管理层有保持较高利润水平、修饰报表的动机。因此,管理层会充分利用应计盈余管理的空间增大效应,使得短期内上市公司应计项目盈余管理程度显著增加。这是利用会计政策和会计估计,通过会计手段,在会计准则所允许的范围内进行的。

并且,由于这只是通过操纵的手段进行,也就是进行盈余转移,进而影响盈余在各年度的分布情况,盈余的总量并不会变化。当年应计盈余管理水平的提升的后果会在以后年度逐渐显现出来。可以预测,企业的应计盈余管理水平在"营改增"当年可能是上升的,而在之后的几年则会逐渐降低。

总的来说,如果公司管理层对盈余管理足够敏感,那么"营改增"后操纵性的盈余管理水平在短期的几年内应该是上升的。鉴于此,本章提出研究假设2:

假设2:"营改增"后,短期内上市公司应计项目盈余管理程度显著增加。

8.2.2 机构投资者持股比例、"营改增"与应计盈余管理

在某种程度上,盈余管理是管理层修饰财报,通过改变交易,运用主观判断,以误导利益相关者。例如,制度发生变化时,应计项目盈余水平降低,管理人员会加强盈余管理力度,借以达到预定盈余目标。总而言之,盈余管理行为是上市公司治理机制不完善的一种表现。

根据代理理论和所有权理论,在所有权和控制权两权分离时,企业的剩余索取权和控制权不相匹配,管理者为了确保自身的利益最大化,会产生盈余管

理的动机。如何降低这种可能或程度，人们引入了公司治理机制。

包括董事会、监事会、股东大会等在内的内部治理机构与包括产品市场、经理人市场、控制权市场和机构投资者等在内的外部监管构成了完整的公司治理结构。其中，本章即将讨论的机构投资者角色属于外部监管机制，是在20世纪90年代发展起来的研究方向之一。

公司治理结构是否有效的关键在公司代理问题能否得到有效、合理的解决。例如，股东是否不过分干预代理人行动以及代理人是否有效管理企业，合理保证股东利益，决定管理层是否具备进行盈余管理的条件和动机。而在这其中，相对中小股东而言，机构投资者具有两个优势：第一，控股比例相对较高；第二，有能力快而准地识别盈余报告内容，能较早确认公司的盈余管理行为。

据研究显示，机构投资者持有的大量股票，短期难以全部抛售以保全资本，推断其为获得更多的监督收益，有对企业进行积极监督的动力。同时，机构投资者是有投资经验的专家，他们对"营改增"政策更有见地。作为投资者和掌握专业知识的人，他们更加看重的是关于企业的长期价值，为了保证这一价值的增长，他们一般通过"用手投票"积极参与监督和管理企业。Chung etal.（2002）发现机构投资者持股比例与盈余管理的概率成反比，也就是说机构投资者能够对盈余管理行为起到有效的监督作用。Hartzell 和 Starks（2003）证明了针对管理报酬契约、机构投资者的监督的有效性。国内也有大量的文献支撑这一假设，如薄仙慧和吴联生（2009）发现机构投资者可以有效地改善企业盈余管理状况，并随着机构投资者比例的增加，正向应计盈余管理显著性地降低了。因此机构投资者更倾向于抵制管理层通过"营改增"增强盈余管理。

综上所述，本章提出研究假设3：

假设3：机构投资者会抑制"营改增"对于应计项目盈余管理的促进作用。

8.2.3 机构投资者持股比例、"营改增"与真实盈余管理

同时，很多公司管理层对于税务知识并不了解，并非"营改增"方面的专业人才。因此，在"营改增"以后，他们可能并不能对于企业经营活动做出应对性的调整。例如，虽然"营改增"使得采购固定资产可以产生一定数

量的折旧，可以在一定程度上减少税收负担，但管理层可能会由于不了解相关的"营改增"政策或者是出于自身利益考虑，不积极地调整经营活动。而作为投资者和掌握专业知识的人，机构投资者是有财务和税收方面知识的专家，在他们的专业知识的帮助下，企业可能更能有效地利用"营改增"政策，进而可以扩大"营改增"的政策效应，即加强"营改增"对公司真实盈余的抑制性作用。

相关文献也证明了这一点。李增福等（2013）同样发现公司更倾向于实施真实活动的盈余管理，而机构投资者能在一定程度上抑制公司的真实盈余管理行为。孙光国、刘爽和赵健宇（2015）也通过分析2009—2012年国内A股上市公司四年的财务数据，从应计项目盈余管理和真实活动盈余管理两个方面分析机构投资者持股对盈余管理的影响，得出了机构投资者持股比例与盈余管理呈负相关关系的研究结论。综上所述，本章提出研究假设4：

假设4：机构投资者会加强"营改增"对生产成本项目真实盈余管理的抑制性作用。

8.3 研究设计

8.3.1 样本选择

"营改增"前征收营业税的不同行业拥有不同的行业特征，其营业税税率也各不相同，试行"营改增"后其受"营改增"政策影响的程度也不尽相同。考虑到盈余管理可能是一个跨期较长的过程，机构投资者结构也不是一朝一夕就会迅速变化的，"营改增"后企业可能会有一点反应和适应的时间。我国除交通运输业和部分现代服务业之外的其他行业实行"营改增"时间过短，尚未形成充分的对比数据。而交通运输业和部分现代服务业作为国民经济的重要组成部分，同时也是最先进行"营改增"的行业。这些行业公司数据跨期更长，使得对该行业上市公司的盈余管理活动和治理结构随"营改增"而进行的可能存在的调节在数据上更具有有效性。所以，本章选择交通运输业和部分现代服务业上市公司作为样本，推定"营改增"前后其盈余管理活动有明显差异。其中，交通运输业包括铁路运输业、水路运输业、道路运输业、航空运输业和管道运输业五大类。部分现代服务业有六类,包括研发和技术服务、信息技术服务、文化创意服务、物流辅助服务、有形动产租赁服务和鉴证咨询服务。

截至数据处理时,"营改增"已经将交通运输业和部分现代服务业全部纳入税改范围。本章按时间将"营改增"分成两个阶段:第一阶段(先期)2012年首先在上海、北京市等九省(直辖市)实施,第二阶段(后期)2013年8月试点地区推广到全国。截至2017年,"营改增"政策已经实行五年之久。考虑到上市公司对于新政策的反应时间、数据的充分性以及交通运输业和部分现代服务业上市公司"营改增"后可获取的报告年数,并排除2009年消费型增值税改革的影响,本章选择以除"营改增"当年以外的五年为样本时间。其中,2012年开始"营改增"的地区,以2010—2011两年("营改增"前)和2013—2015三年("营改增"后)为时间窗口;2013年开始"营改增"的地区,以2011—2012两年("营改增"前)和2014—2016三年("营改增"后)为时间窗口。两个样本以"营改增"试行前两年以及"营改增"试行后三年为时间窗口构成全样本。

依据2012年证监会最新的行业分类标准,截至2016年年底上海证券交易所和深圳证券交易所共有88家交通运输业上市公司和255家部分现代服务业上市公司。但由于时间跨度较长,为了保证数据的完整性,剔除在2010年未上市的公司以及ST公司。经过筛选本章最终确定72家符合要求的交通运输业上市公司,先期地区47家,后期地区25家;146家符合要求的部分现代服务业上市公司,先期地区104家,后期地区42家。

8.3.2 实证模型与变量定义

1)被解释变量 – 应计盈余管理的度量

根据Dechow和Guay(1995),修正的琼斯模型是度量应计盈余管理的最佳模型[①]。本章也采用修正的琼斯模型来计算可操控应计利润,进而用于度量应计盈余管理,具体采用截面修正琼斯模型,分年度来计算企业的盈余管理水平。先用式(4)计算出企业当年应计利润$TAcc_{i,t}$,再代入式(1)分年度回归分析出α值,再次将各α值代入式(2)计算出非操纵性应计利润,

---

① Dechow PM, Sloan RG, Sweeney AP. Detecting earnings management[J]. The Accounting Review, 1995, 70(2): 193-225.

最后利用式（3）便可以计算出操纵性应计利润 DA。

$$\frac{TAcc_{i,t}}{A_{i,t-1}} = \alpha_1 \frac{1}{A_{i,t-1}} + \alpha_2 \frac{\triangle REV - \triangle REC}{A_{i,t-1}} + \alpha_3 \frac{PPE_{i,t}}{A_{i,t-1}} + \varepsilon_{i,t} \quad (1)$$

$$\frac{NDAcc_{i,t}}{A_{i,t-1}} = \alpha_1 \frac{1}{A_{i,t-1}} + \alpha_2 \frac{\triangle REV - \triangle REC}{A_{i,t-1}} + \alpha_3 \frac{PPE_{i,t}}{A_{i,t-1}} + \varepsilon_{i,t} \quad (2)$$

$$DAcc_{i,t} = \frac{TAcc_{i,t}}{A_{i,t-1}} - \frac{NDAcc_{i,t}}{A_{i,t-1}} \quad (3)$$

其中，$TAcc_{i,t}$ 为 i 公司 t 年的应计利润。

$$TAcc_{i,t} = NI_{i,t} - CFO_{i,t} \quad (4)$$

其中 $NI_{i,t}$ 为 i 公司 t 年净利润，$CFO_{i,t}$ 为 i 公司 t 年经营现金净流量；$NDAcc_{i,t}$ 为 i 公司第 t 年非操纵性应计利润，$A_{i,t-1}$ 代表 i 公司 t-1 年度期末总资产，$\triangle REV$ 代表本年营业收入与上年的差，$\triangle REC$ 代表本年应收账款与上年的差，$PPE_{i,t}$ 代表第 t 年固定资产期末净值，$DAcc_{i,t}$ 代表衡量盈余管理水平的操纵性应计利润 DA。

2）被解释变量－真实盈余管理的度量

本文借鉴 Roychowdhury 的研究方法利用销售操控、酌量性费用操控以及生产性操控三种方式来衡量真实盈余管理活动。总体成本与存货持有成本增加可能是由过度增加存货导致的，进而增加生产总成本；酌量性费用支出增加可能是由大量外购机械设备导致的，进而减少经营现金净流量。三个指标的具体度量方法如下：

① 经营现金净流量 CFO 为本期销售额 S_t 与销售额变动 $\triangle S_t$ 的函数：

$$\frac{CFO_t}{A_{t-1}} = \beta_0 + \beta_1 \times \frac{1}{A_{t-1}} + \beta_2 \times \frac{S_t}{A_{t-1}} + \beta_3 \times \frac{\triangle S_t}{A_{t-1}} + \varepsilon_t \quad (5)$$

② 生产成本 PROD 等于生产成本与本期存货变动 $\triangle INV$ 之和，而生产成本为本期销售额 S_t 的函数，存货变动 $\triangle INV$ 为本期销售额变动 $\triangle S_t$ 及上期销售额变动 $\triangle S_{t-1}$ 的函数，因此：

$$\frac{PROD_t}{A_{t-1}} = \beta_0 + \beta_1 \times \frac{1}{A_{t-1}} + \beta_2 \times \frac{S_t}{A_{t-1}} + \beta_3 \times \frac{\triangle S_t}{A_{t-1}} + \beta_4 \times \frac{S_{t-1}}{A_{t-1}} + \varepsilon_t \quad (6)$$

③酌量性费用支出 DISP 用销售费用与管理费用之和表示，国内上市公司将研发费用和广告费用汇总于销售费用和管理费用中：

$$\frac{\text{DISP}_t}{A_{t-1}} = \beta_0 + \beta_1 \times \frac{1}{A_{t-1}} + \beta_2 \times \frac{S_t}{A_{t-1}} + \varepsilon_t \tag{7}$$

与可操控应计利润的计算方法相似，首先对以上三个式子分行业、分年度进行 OLS 回归分别估计出各个式子的回归系数，然后求出其各年度的估计值。

用各年度实际值减去各年度估计值，便可以求出上市公司的异常经营现金净流量（E_CFO）、异常酌量性费用（E_DISP）和异常生产成本（E_PROD），并用 E_PROXY 衡量上市公司进行真实盈余管理的总量，即 E_PROXY=E_PROD － E_CFO － E_DISP。E_PROXY 指标越小，表明企业利用真实盈余管理做大利润的可能性越小。

3）解释变量－"营改增"效应的度量

对于 2012 年进行"营改增"的先期地区企业，2010—2011 年的"营改增"变量 D 为 0，2013—2015 年"营改增"之后的 D 为 1；同样的，对于 2013 年进行"营改增"的后期地区企业，2010—2012 年的"营改增"变量 D 为 0，2013—2016 年"营改增"之后的 D 为 1。并以"营改增"变量为基础，合并两期公司数据，统一归为"'营改增'之前"和"'营改增'之后"。

4）控制变量

①相关文献指出，公司规模（SIZE）、资产负债率（DEBT）、盈利能力（ROA）和公司成长性（GRO）会影响到企业盈余管理水平（Monem，2003；Roychowdhury，2006；Gul et al.，2003；李增幅、董志强、连玉君，2011；王跃堂、王国俊、彭洋，2012）。②李增幅、董志强、连玉君（2011）发现固定资产增长率（PPEG）、盈余管理柔性（INVREC）和总资产周转率（ATO）最终也会影响到企业盈余管理水平。因此，将其设为控制变量。③由于样本时间跨度较大，增设时间变量 YEAR；由于包括两个行业，增设行业变量 INDUSTRY。以上就是模型中全部的变量设置，具体如表 8-1 所示。

表 8-1 变量的解释说明

变量类型	变量名	变量符号	变量定义
被解释变量	可操控性应计利润	DA	见因变量说明
	异常经营现金净流量	E_CFO	见因变量说明
	异常生产成本	E_PROD	见因变量说明
	异常酌量性费用	E_DISP	见因变量说明
	真实盈余管理总量	E_PROXY	见因变量说明
解释变量	"营改增"效应	D	"营改增"前为0，之后为1
	机构投资者持股比例	IS	机构投资者持股数除以总股数
	机构投资者与"营改增"的交互项	D×IS	机构投资者持股比例与"营改增"变量相乘
控制变量	公司规模	SIZE	LN（本期期末总资产）
	资产负债率	DEBT	期末总负债/期末总资产
	盈利能力	ROA	本期净利润/期末总资产
	公司成长性	GRO	本期营业收入同比增长率
	固定资产增长率	PPEG	本期末固定资产同比增长率
	盈余管理柔性	INVREC	存货和应收账款/期末总资产
	总资产周转率	ATO	本期营业收入/期末总资产
	年份	YEAR	年份控制变量
	行业	INDUSTRY	交通运输业和部分现代服务业

5）研究模型

本章将交通运输业和部分现代服务业上市公司作为研究对象，分别考察"营改增"前后交通运输业和部分现代服务业上市公司的盈余管理差异及显著性。

①基于假设1和假设2，建立本章所要使用的模型（8）：

$$DEP = \beta_0 + \beta_1 D + \beta_2 CONTROLS + \beta_3 YEAR + \beta_4 INDUSTRY + \varepsilon \quad (8)$$

DEP 分别代表 DA、E_CFO、E_PROD、E_DISP、E_PROXY。

CONTROLS 分别代表 SIZE、LEV、ROA、GRO、PPEG、INVREC、ATO。

分别以 DA、E_CFO、E_PROD、E_DISP、E_PROXY 为因变量，进行回归分析，确定"营改增"导致的企业的真实项目和应计项目的盈余管理行为是否显著。

②基于假设 3，加入机构投资者持股比例变量 IS 和"营改增" D 与机构投资者的交互项 D×IS，建立模型（9）：

$$DA = \beta_0 + \beta_1 D + \beta_2 IS + \beta_3 D \times IS + \beta_4 CONTROLS + \beta_5 YEAR + \beta_6 INDUSTRY + \varepsilon \quad (9)$$

③基于假设 4，加入机构投资者持股比例变量 IS 和"营改增" D 与机构投资者的交互项 D×IS，建立模型（10）：

$$E\_PROD = \beta_0 + \beta_1 D + \beta_2 IS + \beta_3 D \times IS + \beta_4 CONTROLS + \beta_5 YEAR + \beta_6 INDUSTRY + \varepsilon \quad (10)$$

8.4 实证分析

8.4.1 描述性统计

从表 8-2 到 8-3 的描述性统计来看，针对真实盈余管理活动，"营改增"后的 E_CFO 的均值为 0.005，较之于"营改增"前的 0.004，变化不明显。"营改增"前的 E_PROD 的极小值为 -0.163，极大值为 0.382，而"营改增"后这些值分别为 -1.363、0.522，"营改增"前后的异常生产成本有所降低，企业实际的生产成本相对估计值有所上升，这与预期一致。而前后的均值分别为 0.004、0.001，也有显著的降低。"营改增"前的 E_DISP 的极小值为 -0.058，极大值为 0.050，均值为 -0.0004，而"营改增"后的这些值分别为 -0.257、0.478、0.020，在数值上都略有增加。

表 8-2 "营改增"前描述性统计分析

	N	极小值	极大值	均值		标准差
	统计量	统计量	统计量	统计量	标准误	统计量
E_CFO	436	-0.447	0.169	0.004	0.006	0.074
E_PROD	436	-0.163	0.382	0.004	0.006	0.069
E_DISP	436	-0.058	0.050	-0.0004	0.001	0.018
E_PROXY	436	-0.390	0.374	0.009	0.007	0.077

续表

	N	极小值	极大值	均值		标准差
	统计量	统计量	统计量	统计量	标准误	统计量
DA	436	−0.291	0.392	−0.004	0.006	0.068
D	436	0	0	0.00	0.000	0.000
SIZE	436	20.094	25.878	22.825	0.128	1.411
DEBT	436	0.048	1.818	0.432	0.023	0.256
PPEG	436	−0.876	1.476	0.083	0.028	0.309
INVREC	436	0.000	0.405	0.064	0.006	0.076
ROA	436	−0.444	0.177	0.048	0.006	0.070
GRO	436	−0.759	1.701	0.071	0.027	0.296
ATO	436	0.065	1.819	0.379	0.023	0.261
IS	436	−0.720	52.730	16.165	1.43	15.686
D×IS	436	0.000	0.000	0.000	0.000	0.000
有效的 N（列表状态）	436					

注：本表对主要变量极值按 Winsorize 进行了处理。

针对应计盈余管理活动，"营改增"前 DA 的极小值为 −0.291，极大值为 0.392，"营改增"后分别是 −0.276、0.534，各企业可操控性应计利润差距增大，表明这一政策使得不同公司对"营改增"前后盈余的操纵性的改变有较大差异，有两极化趋势。"营改增"前均值是 −0.004，"营改增"后均值是 0.0008，可操控性应计利润整体略有增加，但增幅不大。在控制变量方面，较之"营改增"前，"营改增"后公司规模（SIZE）和负债规模（DEBT）的极大值、极小值差异更大，公司规模呈现差异化，整体略有增加。盈利能力（ROA）、公司成长性（GRO）和盈余管理柔性（INVREC）整体变化不大。同时，相对于"营改增"前，"营改增"后固定资产增长率（PPEG）的极大值和极小值都有所上升，可能是"营改增"前，交通运输业和部分现代服务业企业仅有降低税负的动机，缺少降低流转税负的手段，试行"营改增"后，这一问题得到了解决，"营改增"改革为企业降低流转税负提供了可能，"营改增"后，交通运输业和部分现代服务业企业会基于降低流转税负的动机，通过大量购置可抵扣进项成本项目等真实交易来取得足额可抵扣进项税额，以达到降低流转税负的目标。总资产周转率（ATO）整体略有上升，但上升趋势不明显。机构投资者持股比例 IS 在"营改增"后略有提高。

8-3 "营改增"后描述性统计分析

	N	极小值	极大值	均值		标准差
	统计量	统计量	统计量	统计量	标准误	统计量
E_CFO	654	−0.477	0.513	0.005	0.033	0.417
E_PROD	654	−1.363	0.522	0.001	0.019	0.249
E_DISP	654	−0.257	0.478	0.020	0.022	0.278
E_PROXY	654	−0.514	0.513	0.006	0.066	0.843
DA	654	−0.276	0.534	0.008	0.007	0.099
D	654	1.000	1.000	1.000	0.000	0.000
SIZE	654	19.585	26.088	23.182	0.107	1.356
DEBT	654	0.032	1.992	0.450	0.031	0.400
PPEG	654	−0.914	1.982	0.072	0.021	0.266
INVREC	654	0.000	1.494	0.090	0.014	0.178
ROA	654	−0.476	0.150	0.038	0.005	0.071
GRO	654	−0.811	1.646	0.069	0.018	0.234
ATO	654	0.032	1.983	0.408	0.026	0.338
IS	654	0.000	58.880	16.324	1.321	16.713
D×IS	654	0.000	58.880	16.324	1.321	16.713
有效的 N（列表状态）	654					

注：本表对主要变量两端按 Winsorize 进行了处理。

总体而言，各企业在"营改增"后，真实盈余水平和操纵性盈余都有不同程度的变化，但具体每年的变化需要用图表来分析。因此，本文还通过折线图（8-1、8-2、8-3、8-4）的形式，对"营改增"前后上市公司盈余管理的各项计量数值的变化趋势进行汇总。由于交通运输业和部分现代服务业有 2012 和 2013 年两个"营改增"时点，虽然在实证分析中会基于"营改增"变量的 D 定义，对先期和后期实施"营改增"的公司的数据按"营改增"时点统一，从而整合分析，但在绘制折线图时，为确保图像的准确性，同时也通过对比更有效地观察"营改增"对于盈余管理的作用效果，本章将先期和后期实施"营改增"公司的数据进行分离，分别观察相应数据在各年度的变化情况。

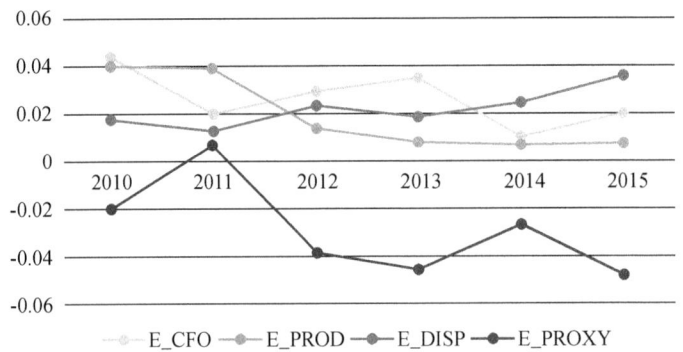

图 8-1　2010—2015 年先期地区上市公司真实盈余管理变量变化趋势

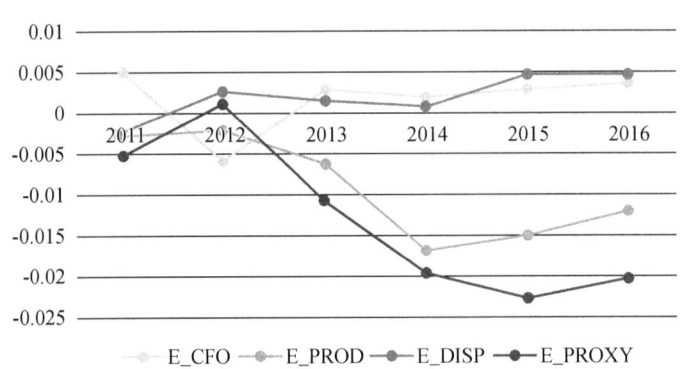

图 8-2　2011—2016 年后期地区上市公司真实盈余管理变量变化趋势

从图 8-1 和 8-2 来看，生产成本真实盈余管理和总真实盈余管理总体略有下降，先期地区在 2012—2014 年以及后期地区在 2013—2014 年下降明显。这与预期一致，也就是说交通运输业和部分现代服务业全部上市公司的现金流量真实盈余管理和总真实盈余管理在 2012 和 2013 年（先期和后期地区的

"营改增"时间）后很可能是由于"营改增"的影响发生的降低，但这一关系还要待之后的实证部分加以验证。

另外的两项经营现金流量和费用项目的真实盈余管理，只有经营现金流量盈余水平在 2012 年略有降低，总体来说变化趋势不明显。

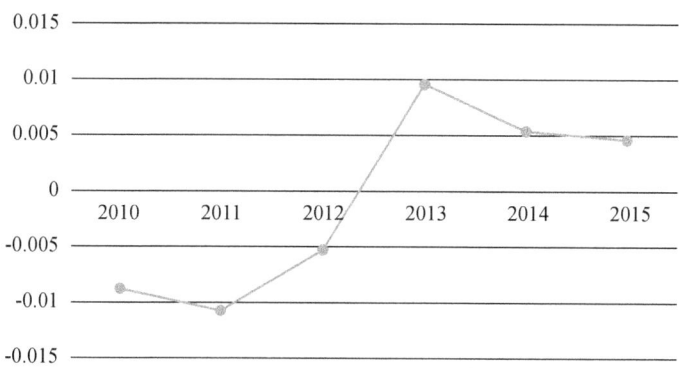

图 8-3　2010—2015 年先期地区上市公司应计盈余管理变化趋势

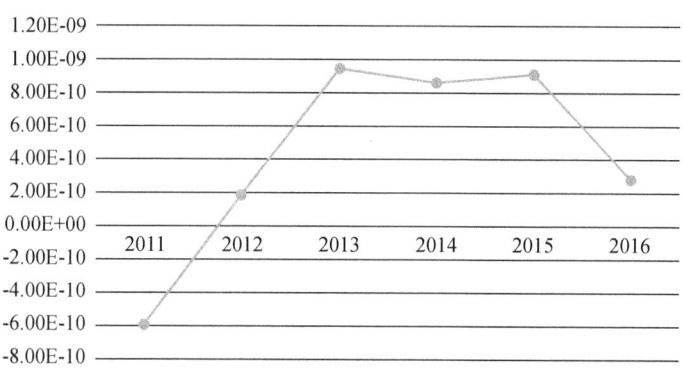

图 8-4　2011—2016 年后期地区上市公司应计盈余管理变化趋势

综合上面的分析，从描述性统计和图表的结果来看，生产成本真实盈余管理呈下降趋势，经营现金流量和费用项目真实盈余管理变化趋势不明显。这与预期基本一致。

从图 8-3 和 8-4 可以明显发现，"营改增"后，公司应计盈余管理的值相比较于"营改增"实施之前有明显的上升。综合真实盈余水平的数据，生产成本项目真实盈余管理水平呈下降趋势，另两项变化趋势不明显。

为了检验管理层的应对方式，下面对 DA 数据进行更细致的分析。其中先期地区 DA 在 2010—2011 年略有降低，考虑是由于"营改增"的消息和实行是有一定征兆的，管理层在 2011 年对于未来"营改增"会导致真实盈余水平降低、2012 年有增加应计盈余水平的需要有预期。由于应计盈余管理总量不变的特征，管理层基于这一预期在 2011 年对于应计盈余水平进行了调减，算是对应计盈余额度的"储备"，以应对 2012 年的需求。DA 在 2011—2014 年间上升明显，在数据上与预期一致，下面就要通过实证观察这一上升是不是由于应对"营改增"效应导致的了。同时，可以观察到 DA 在 2014 年之后略有回降。这一现象在后期地区类似存在，与预期一致，即管理层在 2012 到 2013 年对应计盈余的操纵只是对于盈余的转移，进而影响盈余在各年度的分布情况，盈余的总量并不会变化，当年应计盈余水平的提升的后果在以后年度逐渐显现了出来。

总的来说，"营改增"后生产成本项目的真实性盈余管理是下降的，操纵性的盈余管理水平在短期的几年内是上升的。下面进行相关性检验和实证分析，探究这一上升是不是由于应对"营改增"效应导致的。

8.4.2 盈余管理各变量间的相关性检验

在对主要变量进行描述性统计分析后，为了进一步验证真实盈余管理和应计盈余管理的特征，下面本文对全部被解释变量进行相关性检验分析，如表 8-4 所示。

表 8-4 "营改增"前盈余管理各变量间相关性检验

		DA	E_CFO	E_PROD	E_DISP	E_PROXY
DA	Pearson 相关性	1				
	显著性（双侧）					
	N	436				
E_CFO	Pearson 相关性	−0.021	1			
	显著性（双侧）	0.820				
	N	436	436			

续表

		DA	E_CFO	E_PROD	E_DISP	E_PROXY
E_PROD	Pearson 相关性	−0.474**	−0.434**	1		
	显著性（双侧）	0.000	0.000			
	N	436	436	436		
E_DISP	Pearson 相关性	−0.012	0.032	−0.134	1	
	显著性（双侧）	0.894	0.727	0.144		
	N	436	436	436	436	
E_PROXY	Pearson 相关性	−0.478**	0.485**	0.537**	0.153	1
	显著性（双侧）	0.000	0.000	0.000	0.096	
	N	436	436	436	436	436

注：** 表示在 0.01 水平（双侧）上显著相关。

表 8-5　"营改增"后盈余管理各变量间相关性检验

		DA	E_CFO	E_PROD	E_DISP	E_PROXY
DA	Pearson 相关性	1				
	显著性（双侧）					
	N	654				
E_CFO	Pearson 相关性	0.139	1			
	显著性（双侧）	0.080				
	N	654	654			
E_PROD	Pearson 相关性	−0.243**	0.467**	1		
	显著性（双侧）	0.002	0.000			
	N	654	654	654		
E_DISP	Pearson 相关性	0.032	0.806**	0.812**	1	
	显著性（双侧）	0.684	0.000	0.000		
	N	654	654	654	654	
E_PROXY	Pearson 相关性	−0.268**	0.793**	0.900**	0.969**	1
	显著性（双侧）	0.005	0.000	0.000	0.000	
	N	654	654	654	654	654

注：** 表示在 0.01 水平（双侧）上显著相关。

根据表 8-4 和 8-5 的结果，显示"营改增"之前和之后，"营改增"变量（DA）与生产成本盈余管理水平 E_PROD 都分别在 1% 水平显著负相关，而与经营现金流量和费用项目盈余管理关系均不显著。这与假设 1 和假设 2 的预期是相一致的，说明生产成本真实盈余管理的降低和应计盈余管理的升高是由于"营改增"导致的。稳健性检验使用双重差分法重构模型（未列出），上述研究结论仍然成立。

8.4.3 配对 T 检验

本文采用配对 T 检验，分析"营改增"试行前后盈余管理替代变量，即被解释变量是否存在显著性差异，从而初步得出"营改增"对交通运输业和部分现代服务业上市公司盈余管理的影响是否显著。实际统计量如表 8-6 至 8-9 所示。

表 8-6　"营改增"前后应计盈余管理实际统计量

项目	均值	N	标准差	均值的标准误
"营改增"前两年DA	−0.0070	436	0.036	0.003
"营改增"后三年DA	0.0004	436	0.043	0.003

表 8-7　"营改增"前后应计盈余管理显著性检验

	均值	标准差	均值的标准误	差分的95%置信区间		t	df	Sig.（双侧）
				下限	上限			
DA	−0.007	0.015	0.001	−0.010	−0.005	−5.630	436	0.000

表 8-8　"营改增"前后真实活动盈余管理实际统计量

		均值	N	标准差	均值的标准误
（1）	"营改增"前两年E_CFO	0.032	436	0.193	0.017
	"营改增"后三年E_CFO	0.061	436	0.242	0.022
（2）	"营改增"前两年E_PROD	0.052	436	0.182	0.016
	"营改增"后三年E_PROD	0.012	436	0.137	0.012

续表

		均值	N	标准差	均值的标准误
（3）	"营改增"前两年E_DISP	0.012	436	0.099	0.009
	"营改增"后三年E_DISP	0.021	436	0.125	0.011
（4）	"营改增"前两年E_PROXY	0.008	436	0.346	0.031
	"营改增"后三年E_PROXY	−0.070	436	0.398	0.036

表 8-9 "营改增"前后真实活动盈余管理显著性检验

	成对差分					t	df	Sig.（双侧）
	均值	标准差	均值的标准误	差分的95%置信区间				
				下限	上限			
E_CFO	−0.028	0.235	0.021	−0.071	0.013	−1.335	436	0.184
E_PROD	0.039	0.173	0.015	0.008	0.071	2.527	436	0.013
E_DISP	−0.009	0.062	0.005	−0.020	0.001	−1.565	436	0.109
E_PROXY	0.078	0.377	0.034	0.009	0.146	2.264	436	0.025

根据表 8-7、8-9，我们可以发现，应计盈余管理（DA）、异常产品成本项目的盈余管理（E_PROD）、真实活动盈余管理总计（E_PROXY）的 T 检验结果 Sig.（双侧）值分别为 0.000、0.013、0.025，均小于 0.05，说明相对应的"营改增"前后的数据存在显著差异。且 DA 的 t 值为负，均值增大；E_PROD 和 E_PROXY 的 t 值为正，均值减小，初步证明了假设 1 和假设 2，也就是说，"营改增"后，上市公司利用生产成本项目真实活动调减利润的盈余管理行为显著增加，利用应计项目调增利润的盈余管理行为显著增加，而其他两项，异常费用项目盈余管理（E_DISP）和异常经营现金流量盈余管理（E_CFO）"营改增"前后差异不显著，也初步证明假设 1 的部分内容：利用费用和经营性现金流量项目影响利润的真实盈余管理行为没有显著变化。总的来说，配对 T 检验结果与假设基本一致。

8.4.4 多元回归分析

根据描述性统计、相关性分析以及配对 T 检验的结果，本文已经发现 E_

PROD 和 E_PROXY 在"营改增"后有所降低，而 DA 有所增高，且它们之间有显著性的负相关关系。同时，"营改增"前后，部分被解释变量有显著差异。那么本章实证部分就是为了检验这一现象是不是"营改增"所导致的，以及影响机理。在肯定结果后，进一步检验机构投资者对"营改增"造成的盈余管理变化的调节作用。据此，本部分分别根据假设 1、假设 2、假设 3 分为三个部分，第一部分利用模型（1）检验"营改增"与真实盈余管理的关系，验证假设 1；第二部分利用模型（1）检验"营改增"与应计盈余管理的关系，验证假设 2；第三部分利用模型（2）考察在不加入交互项、加入"营改增"与机构投资者持股比例交互项的情况下，机构投资者持股比例对"营改增"与应计和真实盈余管理效应关系的调节作用，验证假设 3、4。

1）"营改增"与盈余管理

（1）"营改增"与真实盈余管理

表 8-10 显示了模型（1）的回归结果。

对于异常生产成本（E_PROD）和真实盈余管理总量（E_PROXY）样本回归的 F 检验均在 0.1% 水平上显著，模型调整后 R^2 分别为 0.269 和 0.247，被解释变量的变动可以得到解释变量的充分解释。

根据 Cohen 等的研究成果，上市公司真实盈余管理与异常经营活动现金流量、异常酌量性费用负相关，与异常生产成本正相关。表 8-10 的回归结果显示，异常生产成本（E_PROD）和真实盈余管理总量（E_PROXY）与解释变量分别在 1% 和 10% 水平上显著负相关。"营改增"后，交通运输业和部分现代服务业上市公司的异常生产成本（E_PROD）显著降低。这与预期一致，假设 1 得到部分验证："营改增"导致上市公司利用生产成本项目真实活动调减利润的盈余管理行为显著增加。

表 8-10　"营改增"对真实盈余管理变量影响的回归结果

	E_CFO	E_PROD	E_DISP	E_PROXY
D	0.032 （0.695）	−0.17*** （−3.004）	0.02 （0.445）	−0.03* （−1.714）
SIZE	0.332*** （6.683）	0.193*** （3.77）	0.31*** （6.352）	0.451*** （9.917）
DEBT	0.021 （0.437）	0.095** （1.904）	0.108** （2.259）	0.103** （2.331）

续表

	E_CFO	E_PROD	E_DISP	E_PROXY
PPEG	−0.031 (−0.687)	−0.016 (−0.339)	−0.006 (−0.131)	−0.038 (−0.927)
INVREC	−0.053 (−1.097)	−0.005 (−0.092)	−0.072* (−1.82)	−0.059* (−1.838)
ROA	0.098** (2.141)	−0.099** (−2.107)	0.008 (0.189)	0.08* (1.886)
GRO	−0.04 (−0.87)	−0.129*** (−2.724)	0.018 (0.397)	−0.095** (−2.277)
ATO	0.071* (1.825)	0.098** (2.041)	0.172*** (3.737)	0.171*** (4.01)
YEAR	YES	YES	YES	YES
INDUSTRY	YES	YES	YES	YES
N	1090	1090	1090	1090
R-squared	0.084	0.269	0.132	0.247
F test	3.102***	18.885***	5.151***	11.118***

注：(1) ***、**、*分别表示相应系数在1%、5%和10%的水平上显著。
(2) 括号内为t值。

除解释变量外，控制变量也与被解释变量存在不同强度的相关关系，被解释变量（E_PROD）与盈利能力（ROA）、公司成长性（GRO）呈负相关关系，并且在5%水平上显著；被解释变量（E_PROD）同盈余管理柔性（INVREC）负相关，但不具有统计显著性；被解释变量（E_PROD）同盈余管理柔性（INVREC）、资产负债率（DEBT）、总资产周转率（ATO）呈正相关关系，并且在5%和1%水平上具有统计显著性。

对于异常经营现金流量（E_CFO）、异常酌量性费用（E_DISP），样本的"营改增"变量（D）与被解释变量都有不显著的正相关关系，即"营改增"与企业经营性现金流量水平和费用盈余管理的变化无关，假设1的后半部分也得到了验证："营改增"与利用费用和经营性现金流量项目影响利润的真实盈余管理行为不显著相关。

为了确保模型的稳定性与精确性，本文对回归模型进行了多重共线性以及自相关检验，各模型多重共线性检验 VIF 值均小于 2、远小于经验标准值 10，可以说明不存在较严重的多重共线性问题；各模型自相关性检验 D-W 数值均在 1.8~2.3 之间，说明模型不存在自相关问题。

（2）"营改增"与应计盈余管理

本节是为了验证假设 2 的内容，即"营改增"后，短期内上市公司利用应计项目调增利润的盈余管理行为显著增加。为此本文构建了模型（1），在此模型中，因变量是应计盈余管理（DA），自变量是"营改增"变量（D）。模型中还加入了行业和年份控制变量。模型中共有 1090 个观测值，调整后的 R^2 为 0.283，F 值为 13.372，模型整体显著。具体回归结果如表 8-11 所示。

表 8-11 "营改增"对应计盈余管理变量的回归结果

解释变量	DA
D	0.085*（1.825）
SIZE	−0.053（−0.958）
DEBT	0.156***（2.824）
PPEG	0.108**（2.034）
INVREC	−0.129**（−2.095）
ROA	0.476***（8.135）
GRO	−0.013（−0.239）
ATO	−0.047（−0.842）
YEAR	YES
INDUSTRY	YES
N	1090
R-squared	0.283
F test	13.372***

注：(1) ***、**、* 分别表示相应系数在 1%、5% 和 10% 的水平上显著。(2) 括号内为 t 值。

模型中，样本的"营改增"变量（D）与被解释变量（DA）在 10% 水平上显著正相关，验证了前文的假设 2："营改增"后，短期内上市公司利用应计项目调增利润的盈余管理行为显著增加。

除解释变量外，控制变量也与被解释变量存在不同强度的相关关系，被解释变量（DA）与资产负债率（DEBT）呈正相关关系，并且在10%水平上显著；被解释变量（DA）同公司规模（SIZE）呈负相关关系，但不具有统计显著性；被解释变量（DA）同盈余管理柔性（INVREC）、盈利能力（ROA）、公司成长性（GRO）呈正相关关系，并且在5%和1%水平上具有统计显著性；被解释变量（DA）同总资产周转率（ATO）呈负相关关系，并且在1%水平上具有统计显著性。

2）机构投资者的调节作用

（1）机构投资者对"营改增"促进应计盈余管理的调节作用

为了检验假设3机构投资者会抑制"营改增"对于应计项目盈余管理的促进作用，本文建立模型（2），在模型（1）的基础上分别加入机构投资者持股比例变量（IS）和IS与"营改增"变量（D）的交互项D×IS，用于检验机构投资者对应计盈余管理的影响。表8-12即是模型（2）回归分析的结果。

首先，本章确定在只加入机构投资者持股比例变量（IS）的情况下，"营改增"对盈余管理的影响。回归结果如表8-12第（1）列所示。调整后的R^2为0.286，F值为12.030，模型整体显著。

模型中，样本的解释变量（IS）与被解释变量应计盈余管理（DA）在10%水平上显著负相关；同时，"营改增"变量依然同未加入机构持股变量IS之前结果类似，也在10%水平上与被解释变量应计盈余管理（DA）显著正相关，机构持股变量IS的加入对其他控制变量的显著性也没有影响，验证了假设3：机构持股确能抑制交通运输业和部分现代服务业上市公司的应计盈余管理行为。那么它对于"营改增"间接引起的管理层对应计盈余管理的增强又有何调节作用呢？是进一步加深这一影响，还是如本文预测，会抑制呢？

表8-12　"营改增"、机构投资者对应计盈余管理的回归结果

解释变量	（1）DA	（2）DA
D	0.083*（1.789）	0.102**（2.222）
SIZE	−0.023（−0.376）	−0.025（−0.396）
DEBT	0.154***（2.779）	0.153***（2.745）
PPEG	0.106**（1.982）	0.105**（1.968）
INVREC	−0.134**（−2.166）	−0.135**（−2.167）

续表

解释变量	(1) DA	(2) DA
ROA	0.476***（8.129）	0.476***（8.107）
GRO	−0.012（−0.215）	−0.012（−0.226）
ATO	−0.049（−0.869）	−0.049（−0.871）
IS	−0.084*（−1.808）	−0.083*（−1.797）
D×IS		−0.071*（−1.732）
YEAR	YES	YES
INDUSTRY	YES	YES
N	1090	1090
R-squared	0.286	0.286
F test	12.030***	10.791***

注：(1) ***、**、* 分别表示相应系数在1%、5%和10%的水平上显著。(2) 括号内为t值。

鉴于此，本章增加机构持股（IS）与"营改增"变量（D）交互项，验证假设3：机构投资者会抑制"营改增"对于应计项目盈余管理的促进作用。回归结果如表8-12第（2）列所示。调整后的R^2为0.286，F值为10.791，模型整体显著，具体回归结果如表8-13所示。

模型中，机构持股（IS）与"营改增"变量（D）交互项与被解释变量应计盈余管理（DA）在10%水平上显著负相关；同时，"营改增"变量（D）和机构持股（IS）依然同未加入交互项D×IS之前结果类似，也分别在5%和10%水平上与被解释变量应计盈余管理（DA）显著正相关和负相关；交互项的加入对其他控制变量显著性也没有影响。

本文发现"营改增"对应计盈余管理的边际影响为0.102−0.071×IS，也即是说，只要当上式大于0时，也即只要当机构投资者持股比例小于143.7%时，机构持股就会负向抑制"营改增"变量对应计盈余管理DA的正向效应，本文知道，这是不可能的。所以，机构持股只会抑制"营改增"对于应计项目盈余管理的促进作用，而不会存在机构投资者持股比例极大，导致"营改增"甚至会对应计盈余产生负向效应的情况，因为机构投资者持股比例不可能大于143.7%。事实上，为了保持正常的治理结构，保证正常经营，企业的机构持股比例远比 100% 低，验证了假设 3：机构投资者会抑制"营改增"对于应计项目盈余管理的促进作用。

（2）机构投资者对"营改增"抑制真实盈余管理的调节作用

为了检验假设 4 机构投资者会加强"营改增"对公司真实盈余管理的抑制性作用，与应计盈余的检验方法类似，本章建立模型（3），在模型（1）的基础上分别加入机构投资者持股比例变量（IS）和 IS 与"营改增"变量（D）的交互项 D×IS，用于检验机构投资者对真实盈余管理的影响。表 8-13 即是模型（3）回归分析的结果。

首先，本章确定在只加入机构投资者持股比例变量（IS）的情况下，"营改增"对真实盈余管理的影响。回归结果如表 8-13 第（1）列所示。调整后的 R^2 为 0.272，F 值为 13.496，模型整体显著。

模型中，样本的解释变量（IS）与被解释变量真实盈余管理（E_PROD）在 5% 水平上显著负相关；同时，"营改增"变量依然同未加入机构持股变量 IS 之前结果类似，也在 1% 水平上与被解释变量真实盈余管理（E_PROD）显著负相关；机构持股变量 IS 的加入对其他控制变量显著性也没有影响，验证了假设 4，机构持股确能抑制交通运输业和部分现代服务业上市公司的真实盈余管理行为。那么对于"营改增"对真实盈余管理的抑制，机构持股是否与本文理论分析的结果一致，会进一步加深这一抑制效应呢？

表 8-13 "营改增"、机构投资者对真实盈余管理的回归结果

解释变量	（1） E_PROD	（2） E_PROD
D	−0.168***（−2.974）	−0.178*（−1.662）
SIZE	0.180***（2.693）	0.174***（2.538）
DEBT	0.023（0.381）	0.013（0.219）
PPEG	0.024（0.421）	0.020（0.342）
INVREC	−0.110*（−1.651）	−0.114*（−1.714）
ROA	−0.304***（−4.816）	−0.307***（−4.875）
GRO	0.005（0.087）	−0.001（−0.022）
ATO	0.095*（1.585）	0.094*（1.560）
IS	−0.099**（−2.107）	−0.191**（−1.976）

续表

解释变量	（1）E_PROD	（2）E_PROD
D×IS		−0.180*（−1.696）
YEAR	YES	YES
INDUSTRY	YES	YES
N	1090	1090
R-squared	0.272	0.274
F test	13.496***	15.212***

注：（1）***、**、*分别表示相应系数在1%、5%和10%的水平上显著。（2）括号内为t值。

鉴于此，本章增加机构持股（IS）与"营改增"变量（D）交互项，验证假设4：机构投资者会加强"营改增"对生产成本项目真实盈余管理的抑制性作用。回归结果如表8-13第（2）列所示。调整后的R^2为0.274，F值为15.212，模型整体显著。具体回归结果如表8-13所示。

模型中，机构持股（IS）与"营改增"变量（D）交互项与被解释变量真实盈余管理（E_PROD）在10%水平上显著负相关；同时，"营改增"变量（D）和机构持股（IS）依然同未加入交互项D×IS之前结果类似，也都在10%水平上与被解释变量真实盈余管理（E_PROD）显著负相关。交互项的加入对其他控制变量显著性变化影响也不明显。

由此说明，机构持股、"营改增"以及两者的交乘项对真实盈余管理E_PROD的影响是同向且负向的，也就是说，"营改增"会使得真实盈余管理减弱，而机构持股会进一步增强这一减弱的效果，验证了之前的假设4：机构投资者会加强"营改增"对生产成本项目真实盈余管理的抑制性作用。

8.4.5 稳健性检验

（1）机构投资者对"营改增"抑制真实盈余管理的调节作用

对比表8-12和表8-13中机构持股、"营改增"和盈余管理之间的相关性发现，变量的描述性统计、相关性检验与实证分析结果是一致的，这表明实证结果并非数据挖掘或回归模型有意选择的结果。回归分析之前，本文还对模型中的自变量进行了共线性检验，结果发现，变量的VIF值最大不超过2，表明模型中的变量间不存在多重共线性问题。

此外,为避免不同年度除"营改增"外其他因素对盈余管理的影响的干扰,本文重新使用双重差分法(Difference in Difference,DID)来构建模型。由于"营改增"分两个批次进行,地区的执行之间存在时间差,因此本章以2012年进行了"营改增"的公司作为实验组,2013年进行"营改增"的公司作为控制组。进一步将2011—2013年中国A股上市公司划分为4个子样本,即"营改增"之前的实验组、"营改增"之后的实验组,"营改增"之前的控制组、"营改增"之后的控制组。本文通过设置Treat和Reform两个虚拟变量区别上述4组子样本,其中Treat=1代表进行了"营改增"的公司,Treat=0代表没有进行"营改增"的公司;D=1代表"营改增"之后的年份,D=0代表"营改增"之前的年份。

表8-14 双重差分法模型中各个参数的含义

	"营改增"前 (Reform=0)	"营改增"后 (Reform=1)	Difference
进行了"营改增"的公司(Treat=1)	$\beta_0+\beta_1$	$\beta_0+\beta_1+\beta_2+\beta_3$	$\Delta Y_1=\beta_2+\beta_3$
没有进行"营改增"的公司(Treat=0)	β_0	$\beta_0+\beta_2$	$\Delta Y_0=\beta_2$
			$\Delta\Delta Y=\beta_3$

建立如下的双重差分模型(11):

$$DA = \beta_0+\beta_1 D+\beta_2 TREAT+\beta_3 D\times TREAT+\beta_4 CONTROLS+\beta_5 YEAR+\beta_6 INDUSTRY \tag{11}$$

表8-15 "营改增"对应计盈余管理变量的回归结果

解释变量	DA
D	0.161*(1.630)
TREAT	0.019(0.181)
D×TREAT	0.141**(2.321)
SIZE	−0.003(−0.056)
DEBT	0.119*(1.774)

续表

解释变量	DA
PPEG	0.115*（1.763）
INVREC	−0.116*（−1.769）
ROA	0.492***（7.279）
GRO	0.048（0.754）
ATO	−0.145**（−2.213）
INDUSTRY	YES
N	654
R-squared	0.358
F test	10.260***

注：(1) ***、**、* 分别表示相应系数在1%、5%和10%的水平上显著。(2) 括号内为t值。

由回归方程（11）可以发现，对于实施了"营改增"的公司（Treat=1），"营改增"前后应计盈余管理变量分别是 $\beta_0+\beta_1$ 和 $\beta_0+\beta_1+\beta_2+\beta_3$，"营改增"前后应计盈余管理变量的变化幅度是 $\Delta Y_1 = \beta_2 + \beta_3$，其中，包含了"营改增"以及其他相关政策的作用。同样地，对于没有进行"营改增"的公司（Treat=0），"营改增"前后应计盈余管理变量分别是 β_0 和 $\beta_0+\beta_2$，可见，没有进行"营改增"的公司在"营改增"前后应计盈余管理的变化情况是 $\Delta Y_0 = \beta_2$，这个差异并没有包含"营改增"政策对应计盈余管理的影响。因此，用实验组"营改增"前后应计盈余管理的差异 ΔY_1 减去控制组在"营改增"前后的差异 ΔY_0，得到"营改增"政策对应计盈余管理变量的净影响 $\Delta\Delta Y = \beta_3$，这是用双重差分法进行估计的重点。如果"营改增"导致了应计盈余管理的增加，那么 β_3 的系数应该显著为正。

上述模型（11）的回归结果如表8-15所示。回归模型中共有654个观测值，调整后的 R^2 为0.358，F值为10.260，模型整体显著。

如前文分析所示，用实验组"营改增"前后应计盈余管理的差异 ΔY_1 减去控制组在"营改增"前后的差异 ΔY_0，得到"营改增"对应计盈余管理的净影响 $\Delta\Delta Y = \beta_3$，这是用双重差分法进行估计的重点。在表8-15中，交互项 D×TREAT 的系数为0.141，t值为2.321，在5%的水平上显著为正，再次证明假设 2："营改增"后，短期内上市公司利用应计项目调增利润的盈余管理行为显著增加。

（2）机构投资者对"营改增"促进应计盈余管理的调节作用

为了检验假设 3 机构投资者会抑制"营改增"对于应计项目盈余管理的促进作用，本文建立模型（5），在模型（4）的基础上分别加入机构投资者持股比例变量（IS）和 IS 与"营改增"变量（D）的交互项 D×IS，用于检验机构投资者对应计盈余管理的影响。表 8-16 即是模型（5）回归分析的结果。

首先，本文确定在只加入机构投资者持股比例变量（IS）的情况下，"营改增"对盈余管理的影响。回归结果如表 8-16 第（1）列所示。调整后的 R^2 为 0.411，F 值为 7.482，模型整体显著。

模型中，样本的解释变量（IS）与被解释变量应计盈余管理（DA）在 10% 水平上显著负相关；同时，"营改增"变量依然同未加入机构持股变量 IS 之前结果类似，也在 10% 水平上与被解释变量应计盈余管理（DA）显著正相关。机构持股变量 IS 的加入对其他控制变量显著性也没有影响。

再次增加机构持股（IS）与"营改增"变量（D）交互项。回归结果如表 8-16 第（2）列所示。调整后的 R^2 为 0.411，F 值为 6.817，模型整体显著。

模型中，机构持股（IS）与"营改增"变量（D）交互项与被解释变量应计盈余管理（DA）在 10% 水平上显著负相关；同时，"营改增"变量（D）和机构持股（IS）依然同未加入交互项 D×IS 之前结果类似，也都在 10% 水平上与被解释变量应计盈余管理（DA）显著正相关和负相关。交互项的加入对其他控制变量的显著性也没有影响。

表 8-16 "营改增"、机构投资者对应计盈余管理的回归结果

解释变量	（1）DA	（2）DA
D	0.075*（1.943）	0.076*（1.945）
TREAT	0.044（0.407）	0.048（0.650）
D×TREAT	0.058*（1.750）	0.066*（1.775）
SIZE	0.172*（1.947）	0.172*（1.939）
DEBT	−0.054（−0.732）	−0.049（−0.652）
PPEG	0.081*（1.904）	0.082*（1.923）

续表

解释变量	（1）DA	（2）DA
INVREC	−0.318***（−3.448）	−0.313***（−3.315）
ROA	0.370***（4.374）	0.374***（4.363）
GRO	0.177*（2.090）	0.180*（2.110）
ATO	−0.105*（−1.989）	−0.108*（−1914）
IS	−0.117*（−1.883）	−0.135*（−1.853）
D×IS		−0.131*（1.842）
INDUSTRY	YES	YES
N	654	654
R-squared	0.411	0.411
F test	7.482***	6.817***

注：（1）***、**、*分别表示相应系数在1%、5%和10%的水平上显著。（2）括号内为t值。

在表8-16中，交互项D×TREAT的系数分别为0.058和0.066，t值分别为1.750和1.775，都在10%的水平上显著为正。总的来说，双重差分模型下的结论和之前的基本一致，证明了假设2、3。对于假设1和4的双重差分模型结果与此类似，也是有效的。

8.5　研究结论与建议

8.5.1 研究结论

本章以2010—2016年中国交通运输业和部分现代服务业A股上市公司为样本，利用理论分析法和实证分析法对"营改增"和应计及真实盈余管理水平的关系进行研究，并且加入"营改增"与机构投资者的交互项来研究机构投资者关于"营改增"对企业盈余管理水平正负效应的调节作用，得出以下几点结论：

第一，"营改增"政府实施以后，上市公司生产成本项目真实活动盈余管理程度显著降低，费用和经营性现金流量项目的真实盈余管理程度没有显著变化。管理层属于企业的高级管理人员，他们多数对"营改增"政策及企业的经营状况有比较好的了解，因此清楚"营改增"政策下进行真实盈余管理的难度。而且基于他们的经营及分析能力，也能判断出真实盈余管理比应计盈余管理的代价更高。同时，根据相关文献我们可知，对于交通运输业和部分现代服务业上市公司，"营改增"后的税负降低了，这也让管理层进行真实盈余管理的动机减弱，最终导致了相关真实盈余管理程度显著降低，而管理者更多地通过应计项目进行盈余管理。

第二，"营改增"政策实施以后，短期内上市公司应计项目盈余管理程度显著增加。这是由于"营改增"在实施初期，还不够成熟，相关的会计准则还不够完善。同时还采取分地区逐渐推广的方式进行，各地区间的营业税和增值税方面的会计制度有较大差异，甚至某地区不同年度的税收制度也有很大差距，使得应计盈余管理的空间增大，有保持较高利润水平、修饰报表动机的管理层会充分利用应计盈余管理空间增大的效应，从应计盈余管理出发，利用会计政策和会计估计，通过会计手段，对盈余水平进行操纵，进而提升应计盈余水平。企业可以同时间跨地区、同地区跨时间，甚至抓住相关会计准则的疏漏，改变盈余在不同会计期间的分布。例如，由于"营改增"之前缴营业税，"营改增"之后缴增值税，而增值税可以抵扣，企业可以出于降低税收的目的，将应于"营改增"之前确认的销售收入在"营改增"之后确认。

本章将"营改增"对应计项目调增利润的盈余管理行为的影响定义为"短期内"，因为从 DA 的折线图上发现应计盈余管理水平在"营改增"后短期上升，而在之后的几年则逐渐降低。应计盈余管理水平的这种变化趋势是由应计盈余管理的特征决定的，它只是对于盈余的转移，进而影响盈余在各年度的分布情况，盈余的总量并不会变化，当年应计盈余水平的提升的后果会在以后年度逐渐显现出来。

第三，机构投资者会加强"营改增"对生产成本项目真实盈余管理的抑制性作用，并抑制"营改增"对于应计项目盈余管理的促进作用，即机构投资者持股比例与"营改增"后的真实和应计项目盈余均负相关。这是由机构投资者更看重长期价值的理性和对运营、管理和税务政策的专业性决定的，因此机构投资者能够抑制管理层的短期行为，对盈余管理行为起到有效的监督作用。同时，还能帮助公司根据"营改增"政策对企业经营活动做出应对性的调整，进而使得企业更能有效地利用"营改增"政策，实现更多的税收抵扣和更低的真实盈余管理水平。

8.5.2 对策与建议

当前我国"营改增"已进入收尾阶段，公司对于新政策的适应度却有很大差异。基于本文的研究结论，提出以下建议。

一是公司要适当地优化治理结构。同时，考虑到机构投资者对"营改增"后盈余管理的负向调节作用，要想更有效地进行"营改增"方面的盈余管理，还要持续地推进企业治理结构优化，提升以"营改增"进行盈余管理的效率。基于机构投资者对于"营改增"对应计盈余管理促进的负向调节作用和对于"营改增"后产品成本项目的真实盈余管理水平降低的加强作用，可以确定机构投资者对于盈余管理的抑制效应。因此，在不会对公司经营造成消极影响的前提下，上市公司应合理增加机构投资者持股比例，以应对管理层增加盲目盈余的短期行为。

二是政府要积极普及"营改增"的相关政策，并继续积极完善"营改增"政策。首先，政府应该加强"营改增"制度建设，减小政策漏洞。例如，平衡不同地区间"营改增"制度和实施力度间的差距，加快税率趋于稳定的步伐，降低甚至杜绝企业钻政策空子进行应计盈余管理的可能。其次，政府还应加强对审计业务和公司财务的监管，减少企业通过跨期方式，递延或者提前对盈余的确认的可能。只有健全完善的会计政策才有利于企业发展、社会进步；只有政策公开透明，实施才能更加合理有效；公司对"营改增"的认识更全面清晰，企业才能实现更有效的经营，才能有更好更长远的发展。

8.5.3 研究局限性和未来发展方向

1）研究局限性

①本章只针对交通运输业和部分现代服务业企业上市公司，研究结论不能代表我国全部"营改增"上市公司的整体状况。

②回归模型的模拟优合度平均值为 28%，虽然 F 值在 1% 水平上显著，但整体模拟效果有待提高。这可能是由于模型中控制变量选取不足所造成，论文选取最主要的影响变量，除了上述控制变量外，还存在着其他因素影响解释变量，进一步的研究可以考虑增加更多的控制变量。

2）未来发展方向

较多文献在研究机构投资者时，会进一步考虑股权性质对机构投资者效应的影响。如薄仙慧、吴联生（2009）发现国有公司和非国有公司的治理效应可能存在显著差异。非国有公司的正向盈余管理会与机构投资者持股比例成反比，这一效应在国企方面不显著。因此本文后续可以分别检验国有和非国有企业机构投资者对于"营改增"后应计和真实盈余管理的影响。

第9章 "营改增"政策评述与优化建议

本书在回顾我国流转税制（特别是增值税制和营业税制）和梳理国内外相关文献的基础上，研究了"营改增"政策实施的微观经济后果。我们重点研究了"营改增"政策实施的市场反应、财务绩效、经济效率、投资效率、盈余管理等问题。在研究过程中，我们做了不少实地调研，查阅了大量研究文献，用计量经济分析方法处理了大量数据，并多次开展学术研究和参加相关学术会议。这些工作的开展为项目的顺利进行打下了坚实基础。本章对项目取得的成果进行总结，对此次"营改增"政策进行综合评价，并就我国增值税制优化提出若干政策建议。

9.1 本书的主要研究结论

以下内容将按照前面章节写作顺序，即"营改增"的市场反应、财务效应、经济效率测度、投资效率和盈余管理，分别陈述主要研究结论。

1）"营改增"市场反应研究

本书考察"营改增"市场反应情况，采用的是 2012 年首批试点公司市场数据[①]和旅游业上市公司"营改增"数据。本部分的基本逻辑是，2012 年 1 月 1 日起实行的"营改增"试点应使交通运输业和现代服务业税负发生变化，从而引起试点公司及同业竞争对手公司价值发生变化。着重探讨"营改增"对同业竞争对手上市公司价值的影响，探讨试点公司竞争对手股票市场平均异常回报的影响因素。从行业效应角度来看，此次"营改增"使试点公司受益，其税负降低，而其同行业暂未实施税改的公司则不能享受这样的好处，因而对这些同业竞争公司而言"营改增"试点消息是个坏消息，其股票市场反应为负，即"营改增"试点在同行业引起"竞争效应"。进一步研究

---

① 这样做主要基于两点考虑：一是引用前期研究成果；二是后续批次"营改增"市场反应（除旅游业以外）实证结果与理论预期有较大差距。

发现,"营改增"试点同业竞争对手公司的平均异常回报主要受公司规模、盈利能力、风险和行业等因素影响;现代服务业因"营改增"引发的竞争效应比交通运输业更加显著。上述研究结论在(-6,+6)窗口成立,通过稳健性检验发现该结论在(-5,+5)窗口也成立。鉴于此,有充足的理由推断:税收改革给"营改增"企业带来利好预期,实行"营改增"能够促进试点行业发展,实现预期的税收改革政策目标。

2)"营改增"财务绩效研究

在其他条件不变的情况下,税收压力对企业财务业绩具有显著抑制作用,且该抑制作用的24.47%通过资本结构中介传导,16.59%通过营运资本中介传导;反之,减税对企业财务业绩有提振作用。换言之,因纳税现金流出加大了企业的财务压力,同时降低了企业的营运资本配置效率,进而降低了企业的盈利能力;减税则能减少企业现金流出,降低财务压力,提高企业资本运营效率,进而提高企业的盈利能力。此外,税负压力对企业财务业绩的抑制作用58.94%是通过直接作用以及其他中介作用(负向影响)传导的。所谓的直接作用是指税收直接降低了企业的净利润,而其他中介传导包括固定资产投资等,企业往往由于税收负担过重错失优质投资项目。在通过分步检验中介效应、逐年考察2008至2016年度税负压力的大小的基础上,我们推断实施"营改增"政策对相关企业来说是减负行为。因此,"营改增"对企业财务绩效的提高有促进作用。

3)"营改增"经济效率测度与研究

本部分从经济效率测度及其与旅游上市公司财务绩效敏感性角度开展"营改增"后果研究,着重看"营改增"前后纯技术效率、规模效率与公司财务业绩敏感性问题[①]。研究发现,2016年5月旅游业开展"营改增"后,旅游业上市公司纯技术效率、规模效率与营业利润率显著正相关,表明"营改增"能促进旅游上市公司技术进步和实现规模经济,进而有助于改善旅游上市公司财务绩效。将实证模型因变量替换为总资产报酬率(ROA)后,该研究结论仍然成立,说明实证结论是稳健的。因此,我们可以得出结论:"营改增"不仅有助于调动市场经济微观主体(企业)增强技术进步的积极性,着力实

---

① 选择旅游业上市公司开展此专题研究主要基于如下考虑:项目组长期研究旅游业上市公司,对其运营模式、市场开发、研究创新以及纳税申报等都有比较深入的思考。

现规模经济，还有助于包括旅游业在内的第三产业转型升级和我国经济增长方式的转变。

4）"营改增"投资效率研究

通过选取 2007—2014 年共 8 年的面板数据，考察"营改增"对企业投资效率的影响发现：①实行"营改增"的上市公司中，投资不足公司所占比重较大。"营改增"总体上起到了明显的减税效果，增加了总体的现金流量，提高了样本公司整体投资效率。②由于本次"营改增"政策实施涉及到的上市公司来自交通运输业和现代服务业，而这两个行业具有不同的股权性质和行业特点，所以"营改增"对这两个行业的上市公司产生的影响可能不同。通过行业分类研究发现，"营改增"政策导致交通运输业企业的投资效率降低，而"营改增"政策提高了现代服务业的投资效率。③由于股权性质不同，企业受到的融资约束和代理冲突也不同，这也可能影响企业的投资效率。将样本公司按行业类别分为国有企业和其他企业，主要研究"营改增"政策对国企投资效率的影响。实证结果表明，"营改增"政策降低了过度投资国有企业的投资效率。

5）"营改增"背景下的盈余管理行为研究

我们以 2010—2016 年中国交通运输业和部分现代服务业 A 股上市公司为样本，就"营改增"与应计和真实盈余管理水平的关系进行研究（考虑机构投资者对"营改增"与企业盈余管理水平正负效应关系的调节作用），得到三点主要研究结论：①实施"营改增"以后，上市公司生产成本项目真实活动盈余管理程度显著降低，表现为费用和经营性现金流量项目的真实盈余管理程度没有显著变化。②实施"营改增"政策以后，短期内上市公司应计项目盈余管理程度显著增加，而在之后的几年则逐渐降低。但是这只是盈余的转移，影响盈余在各年度的分布情况，盈余的总量并不会变化，当年应计盈余水平的提升的后果会在以后年度逐渐显现出来。③机构投资者持股比例与"营改增"后的真实和应计项目盈余均负相关。机构投资者能够抑制管理层的短期行为，对盈余管理行为起到有效的监督作用。同时，还能帮助公司根据"营改增"政策对企业经营活动做出应对性的调整，进而使得企业更能有效地利用"营改增"政策，实现更多的税收抵扣和更低的真实盈余管理水平。

9.2 "营改增"政策评述

党中央、国务院根据经济社会发展新形势,从深化改革的总体目标出发做出"营改增"重要部署,以前缴纳营业税的应税项目改成缴纳增值税,营业税纳税人相应转变为增值税纳税人。缴纳增值税可以减少重复征税,降低企业税负,有助于促使社会经济形成良性循环局面,也有利于加快财税体制改革,调动各方积极性,促进服务业的发展,促进产业和消费升级,培育新动能和深化供给侧结构性改革,等等。总的看来,"营改增"政策实施以来,各项工作都得以顺利开展,各项政策措施都落实到位,最初的政策预期都得到实现。"营改增"政策效果十分显著,企业享受到了税制改革红利,税收负担进一步减轻;打通了增值税抵扣链条,扩大了增值税税基,使我国税制进一步完善;拉长了产业链,对我国经济转型和供给侧结构性改革大有裨益。

根据2018年1月17日税务总局召开的全国税务工作会议精神,自2012年实施"营改增"以来,6年全国累计减税两万多亿元,在节税减负方面,"营改增"符合最初的政策预期。根据国家税务总局各年公布的数据,实际减税累计达21 334亿元。各年减税额参见表9-1。

表9-1 "营改增"政策实施以来各年减税额统计

单位:亿元

年份	减税额	"营改增"工作阶段
2012	462	2012.01.01起第一阶段
2013	1 402	2013.08.01起第二阶段
2014	1 918	
2015	2 630	
2016	5 736	2016.05.01起第三阶段
2017	9 186	
合计	21 334	

1)"营改增"试点主要相关政策措施评述

为确保"营改增"工作顺利开展,国家税务总局和财政部制定了一系列政策规章。

2011—2012 年财政部和国家税务总局共出台 15 部关于"营改增"的政策法规。

① 《财政部、国家税务总局关于在上海市开展交通运输业和部分现代服务业营业税改征增值税试点的通知》（财税〔2011〕111 号），它包含的三个基础性文件如下 [②~④]：

② 《交通运输业和部分现代服务业营业税改征增值税试点实施办法》。

③ 《交通运输业和部分现代服务业营业税改征增值税试点有关事项的规定》。

④ 《交通运输业和部分现代服务业营业税改征增值税试点过渡政策的规定》）。

财政部和国家税务总局又制定了三个文件对交通运输业和部分现代服务业营业税改征增值税的政策做出了进一步明确和补充 [⑤~⑦]：

⑤ 《关于发布〈营业税改征增值税试点地区适用增值税零税率应税服务免抵退税管理办法（暂行）〉的公告》（国家税务总局公告 2012 年第 13 号）。

⑥ 《关于交通运输业和部分现代服务业营业税改征增值税试点若干税收政策的补充通知》（财税〔2012〕53 号）。

⑦ 《关于交通运输业和部分现代服务业营业税改征增值税试点应税服务范围等若干税收政策的补充通知》（财税〔2012〕86 号）。

针对北京等 8 省（直辖市）开展交通运输业和部分现代服务业营业税改征增值税试点，财政部和国家税务总局制定了一系列配套政策，分别为以下四个文件 [⑧~⑪]：

⑧ 《关于北京等 8 省市营业税改征增值税试点增值税纳税申报有关事项的公告》（国家税务总局公告 2012 年第 43 号）。

⑨ 《关于北京等 8 省市营业税改征增值税试点有关税收征收管理问题的公告》（国家税务总局公告 2012 年第 42 号）。

⑩ 《关于北京等 8 省市营业税改征增值税试点增值税一般纳税人资格认定有关事项的公告》（国家税务总局公告 2012 年第 38 号）。

⑪ 《关于在北京等 8 省市开展交通运输业和部分现代服务业营业税改征增值税试点的通知》（财税〔2012〕71 号）。

针对营业税改征增值税后文化事业建设费的征收和管理，财政部和国家税务总局分别制定了四个政策文件 [⑫~⑮]：

⑫《关于营业税改征增值税试点文化事业建设费缴费信息登记有关事项的公告》(国家税务总局公告 2012 年第 50 号)。

⑬《关于营业税改征增值税试点文化事业建设费申报有关事项的公告》(国家税务总局公告 2012 年第 51 号)。

⑭《关于营业税改征增值税试点中文化事业建设费征收有关问题的补充通知》(财综〔2012〕96 号)。

⑮《财政部、国家税务总局关于营业税改征增值税试点中文化事业建设费征收问题的通知》(财综〔2012〕68 号)。

"营改增"第一阶段政策法规具有以下意涵、逻辑关系和鲜明的特点：①《财政部、国家税务总局关于在上海市开展交通运输业和部分现代服务业营业税改征增值税试点的通知》(下文简称《通知》)是"营改增"纲领性文献，是后续一切规章制度的依据和出发点；三个基础性文件是对《通知》精神的落实，是分行业实施"营改增"的直接依据；三个补充文件是对交通运输业和部分现代服务业营业税改征增值税政策法规的完善，是"营改增"理论联系实践的结晶；四个配套政策文件是"营改增"真正"落地"和化解税政实施矛盾的保证及"催化剂"；关于文化事业建设费的征收和管理的四个文件是处理"营改增"中"例外事件"的有力证据，反映政府对税政实施的高度重视和处理好一切问题的坚强决心。②从上述政策文件的陆续出台可以看出中央政府和各级政府对营业税改征增值税的高度重视；可以看出政策制定部门工作的计划性和有序性；可以看出政府十分注重调查研究，能及时将税政实施过程中出现的问题加以搜集、消化和处理，并迅速予以解决或形成新政策措施的实践经验来源。③"营改增"第一阶段各项政策措施的及时陆续颁布和各项工作有条不紊地推进，为后续阶段"营改增"的扩大范围和全面开展打下了坚实基础。

2013 年财政部和国家税务总局共出台 27 部关于"营改增"的政策法规。

①《财政部、国家税务总局关于将铁路运输和邮政业纳入营业税改征增值税试点的通知》(财税〔2013〕106 号)。

②《财政部、国家税务总局关于铁路运输企业汇总缴纳增值税的通知》(财税〔2013〕111 号)。

③《财政部、国家税务总局关于铁路运输和邮政业营业税改征增值税试点有关政策的补充通知》(财税〔2013〕121 号)。

④《财政部、国家税务总局和中国人民银行关于铁路运输和邮政业纳入营业税改征增值税试点有关预算管理问题的通知》(财预〔2013〕442号)。

⑤《国家税务总局关于铁路运输和邮政业营业税改征增值税发票及税控系统使用问题的公告》(国家税务总局公告2013年第76号)。

⑥《国家税务总局关于营业税改征增值税试点增值税一般纳税人资格认定有关事项的公告》(国家税务总局公告2013年第75号)。

⑦《国家税务总局关于做好铁路运输和邮政服务业营业税改征增值税试点工作的通知》(税总发〔2013〕125号)。

⑧《国家税务总局关于发布〈航空运输企业增值税征收管理暂行办法〉的公告》(国家税务总局公告2013年第68号)。

⑨《财政部、国家税务总局关于部分航空运输企业总分机构增值税计算缴纳问题的通知》(财税〔2013〕86号)。

⑩《财政部、国家税务总局关于重新印发〈总分机构试点纳税人增值税计算缴纳暂行办法〉的通知》(财税〔2013〕74号)。

⑪《国家税务总局关于铁路货运组织改革后两端物流服务有关营业税和增值税问题的公告》(国家税务总局公告2013年第55号)。

⑫《国家税务总局关于发布〈营业税改征增值税跨境应税服务增值税免税管理办法(试行)〉的公告》(国家税务总局公告2013年第52号)。

⑬《国家税务总局关于发布〈适用增值税零税率应税服务退(免)税管理办法(暂行)〉的公告》(国家税务总局公告2013年第47号)。

⑭《国家税务总局关于做好扩大营业税改征增值税试点纳税服务工作的通知》(税总函〔2013〕440号)。

⑮《国家税务总局关于在全国开展营业税改征增值税试点有关征收管理问题的公告》(国家税务总局公告2013年第39号)。

⑯《财政部、中国人民银行和国家税务总局关于营业税改征增值税试点有关预算管理问题的通知》(财预〔2013〕275号)。

⑰《国家税务总局关于增值税一般纳税人资格认定有关事项的公告》(国家税务总局公告2013年第33号)。

⑱《国家税务总局关于调整增值税纳税申报有关事项的公告》(国家税务总局公告2013年第32号)。

⑲《国家税务总局关于交通运输业和部分现代服务业营业税改征增值税

试点增值税一般纳税人资格认定有关事项的公告》(国家税务总局公告 2013 年第 28 号)。

⑳《财政部、国家税务总局关于在全国开展交通运输业和部分现代服务业营业税改征增值税试点税收政策的通知》(财税〔2013〕37 号)。

㉑《财政部关于开展营改增试点纳税人动态跟踪专项调查的通知》。

㉒《财政部关于开展营业税改征增值税试点情况专项调查的通知》。

㉓《国家税务总局关于做好扩大营业税改征增值税试点有关征管科技工作的通知》(税总函〔2013〕213 号)。

㉔《国家税务总局关于营业税改征增值税总分机构试点纳税人增值税纳税申报有关事项的公告》(国家税务总局公告 2013 年第 22 号)。

㉕《国家税务总局关于做好扩大营业税改征增值税试点工作的意见》(税总发〔2013〕44 号)。

㉖《国家税务总局关于发布〈营业税改征增值税试点期间航空运输企业增值税征收管理暂行办法〉的公告》(国家税务总局公告 2013 年第 7 号)。

㉗《财政部、国家税务总局关于部分航空公司执行总分机构试点纳税人增值税计算缴纳暂行办法的通知》(财税〔2013〕9 号)。

可见,2013 年"营改增"政策文件出台数量之多、力度之大。比较而言,2014 年和 2015 年则是"营改增"政策文件出台较少的年份,这里仅列示其中主要的两项:

① 2014 年 4 月 29 日,财政部、国家税务总局发布《关于将电信业纳入营业税改征增值税试点的通知》(财税〔2014〕43 号)文件,为进一步完善税制,释放改革红利,经国务院批准,从 2014 年 6 月 1 日起,将电信业纳入"营改增"试点范围。

② 2015 年 12 月 22 日发布《营改增试点期间有关增值税问题的公告》(国家税务总局〔2015〕90 号)。

2013 年至 2015 年国家税务总局或财政部发布的关于"营改增"的政策文件多是关于分行业"营改增"文件,或者是针对某些具体突出问题的文件。显然不能说这一时期关于"营改增"的文件或税改实施不重要,它们是整个"营改增"的有机组成部分,也是增值税制建设和后续税收工作的必然要求。

2)"营改增"全面铺开主要相关政策措施评述

2016 年 3 月 23 日财政部、国家税务总局发布《关于全面推开营业税改征增值税试点的通知》(财税〔2016〕36号),明确规定,自2016年5月1日起,在全国范围内全面推开营业税改征增值税(简称"营改增"),建筑业、房地产业、金融业、生活服务业等全部营业税纳税人纳入试点范围,由缴纳营业税改为缴纳增值税。

为配合全面实施"营改增"政策,财政部和国家税务总局以通知的形式发布了①《营业税改征增值税试点实施办法》、②《营业税改征增值税试点有关事项的规定》、③《营业税改征增值税试点过渡政策的规定》和④《跨境应税行为适用增值税零税率和免税政策的规定》等多份文件,主要阐述如下重要内容:

①对纳税人和扣缴义务人,征税范围,税率和征收率,应纳税额计算,纳税义务、扣缴义务发生时间和纳税地点,税收减免的处理,征收管理等内容作了明确规定。

②对兼营、不征收增值税项目、销售额、融资租赁和融资性售后回租业务、一般纳税人资格登记、计税方法、建筑服务、销售不动产、不动产经营租赁服务等事项作了明确规定。

③明确了免征增值税的40个项目、增值税即征即退、金融企业贷款利息征税时间以及个人销售房产等优惠政策。

④对适用增值税零税率的4个项目和免税的6个项目做了明确的规定。

这些政策措施以我国经济改革方向和税收改革目标为指南,是在税收理论和总结前期试点工作经验基础上推出的,为"营改增"的全面推开作了法律上、程序上和实践操作上的充分准备,也是"营改增"工作的准绳和判断改革成败的标尺。

以上标题"1)"和"2)"下所列举的"营改增"政策文件主要是根据时间顺序和"营改增"工作布置及推进步骤进行归集的。此外,还可以按照政策规章属性划分为7类:综合规定、行业规定、征收管理、纳税服务、发票管理、委托代征和其他规定,在此不再一一列示。

3)"营改增"的积极效应

"营改增"政策实施以来,关于其效应的研究与评论屡见不鲜。本章从政策制定角度尝试评价其后果,按照积极效应和消极效应两个方面进行评述。

(1)"营改增"减轻了企业税负,符合结构性减税的政策预期

无论是市场反应研究结果,还是"营改增"企业财务绩效影响研究结论

都体现了结构性减税的积极效应。首先,从小规模纳税人来说,其税率由营业税时期的 5% 调整为税改之后的 3%(含税的实际征收率更低,大约只有 2.91%),下降幅度很大,企业切实享受到了减负降税的好处。考虑到大量的小规模纳税人都是小型微利企业,税负下降与当前积极鼓励"大众创业,万众创新"的政策意图高度契合。从一般纳税人角度来说,比如以旅行社为代表的综合类旅游企业,不仅可以选择差额征收方式,而且扣除项目新增了签证费,因此这些企业可以扣除更多的成本开支;与此同时,这些企业的税基也转换为不含税的销售额,税收负担也因此得到一定程度的降低。尽管一些规模较大的一般纳税人税率有所上升,但是其可以抵扣的进项税额也有所增加,企业可将购入的固定资产、办公用品和租赁房产中包含的进项税额予以扣除。总之,全面地考虑这些因素,企业的综合税收负担实实在在地下降了。

根据中国国家旅游局组织的有关调研显示,2016 年 5 月至 7 月酒店业 338 家酒店(其中,一般纳税人 333 家,小规模纳税人 5 家)一般纳税人整体税负呈现先上升后下降的趋势。因为刚刚实施"营改增"时抵扣链条十分不完整,由于税率升高导致企业整体税收负担呈现先升状态。此后,随着时间的延续,抵扣链条逐渐完整,"营改增"导致的税收负担下降因素日益显现,所以该行业整体税负呈现下降趋势。我国占绝大多数景区收入主体部分的门票和索道及文艺表演业务收入均选择按照小规模纳税人纳税,税收负担要比此前的营业税有所降低,实现了结构性减税目标。现场调研资料印证了上述分析,我们通过现场访谈获得了一些一手资料。比如,北京国旅 2016 年实缴营业税和增值税共计 126.77 万元,2017 年截止到 11 月实缴增值税只有 53.93 万元,"营改增"节税减负政策效果十分明显。

(2)促进企业技术进步和实现规模经济,提升企业价值

前文基于经济效率视角考察"营改增"对企业财务绩效的影响发现,营业税改征增值税政策实施以后,上市企业纯技术效率、规模效率与其营业利润率之间存在着显著的正向关系,说明相比营业税,增值税能帮助这些企业通过技术进步和实现规模经济效益来提高财务绩效,从而从微观角度证明了"营改增"不仅有助于调动市场经济微观主体(企业)增强技术进步的积极性,着力实现规模经济,还有助于包括旅游业在内的第三产业转型升级和我国经济增长方式的转变。

（3）不仅消除重复征税，还能够抑制企业的过度投资行为

因为"营改增"能革除营业税双重征税的弊端，解决营业税纳税企业外购的原材料、固定资产和应税服务不能抵扣的问题，减轻了"营改增"企业的税收负担，继而引起这些企业融资约束和自由现金流量发生变化，乃至影响其投资效率。

本书第七章通过对2007—2014年"营改增"上市公司财务数据进行研究发现，①总体上看，"营改增"上市公司的投资效率得到提高；②交通运输业企业投资效率因"营改增"政策而降低；③现代服务业企业投资效率因"营改增"而提高；④进行过度投资国企的投资效率因"营改增"政策而降低。因此，"营改增"能在一定程度上抑制企业的过度投资行为，促使其投资行为朝理性化方向发展。

（4）减少了"营改增"企业的税务风险

传统流转税制中营业税和增值税并存，相关企业税收征纳税过程中往往要处理大量的兼营业务和混合销售业务，导致纳税遵从成本上升，处理不好还可能涉嫌偷漏税款，进而导致这些企业涉税风险大增。以我们特别熟悉的旅游业为例，那些居于旅游业中间环节和龙头地位的综合类旅游企业，通常在准确确定某一具体业务到底应当缴纳营业税还是增值税时面临相当大的困扰。全面实施"营改增"政策以后，所有企业（包括旅游企业）统一适用增值税政策，有效避免了两大税种在征收管理中的相互影响，以往企业面临的税种适用问题便迎刃而解。总而言之，"营改增"不仅能降低相关企业的涉税风险，而且有助于增强这些企业纳税遵从与自觉纳税意识。

（5）在企业提高纳税管理水平的同时有助于提高税收部门的税收征管水平

增值税税收征管的一个突出特点在于以票控税。纳税人获准抵扣进项税额的前置条件是，必须要取得上游企业开具的增值税专用发票。换句话说，纳税人税收负担不仅取决于增值税销项税额，也取决于可抵扣的进项税额。因此，"营改增"以后，企业若想将税收负担控制在合理范围，或者想降低税负，他们不得不加强对增值税进项票据的管理。基于对上述税收利益的考虑，这些企业不得不选择那些能够开具增值税专用发票的合法供应商供货。不仅如此，为了提高纳税管理水平，他们还极有可能调整其内部组织结构，强化各种业务流程管理。虽然这些措施不是由税务部门强加给企业的，都是企业出于

自身利益考虑的自觉行动，但是客观上也有助于税务部门提高税收征管水平。

（6）进一步与国际税制接轨，有效推动相关企业积极响应"一带一路"倡议

目前，全球大部分国家都开征了增值税。具体国家数有多个版本，有些资料显示有 140 多个国家征收增值税，也有资料认为征收增值税的国家有 150 多个。本文采信 Alan Schenk[①] 的说法，根据他的研究，截至 2014 年年初，全世界共有 161 个国家和地区开征了增值税或货物劳务税（本书统称增值税）。既然全球有这么多国家都开征增值税，可以说征收增值税是如今国际上的通行做法。为便于与国际接轨，为增进国际经济技术交往提供帮助，我国普遍实行增值税不失为明智之举。

2015 年 3 月 28 日，国家发展改革委、外交部和商务部联合发布了《推动共建丝绸之路经济带和 21 世纪海上丝绸之路的愿景与行动》，标志着"一带一路"作为我国重要国策付诸全方位实施。调查研究发现，"一带一路"沿线绝大多数国家都已开征增值税或拟在不久的将来开征增值税。我国的"营改增"税收改革政策与之不谋而合。实施"营改增"以后，我国流转税制面临的税制与国际大致接轨，商品出口和服务出口免税措施的推行极大提升了我国企业在国外的竞争力。以我们十分熟悉的旅游业为例，2017 年上半年，我国出境、入境旅游均平稳增长，出、入境旅游人数分别比 2016 年同期上升 2.4% 和 5.1%。根据系统分析，"营改增"政策实施是其中关键因素。

4）"营改增"政策的消极影响

通过前文的实证研究和政府公开资料来看，"营改增"企业整体来看是减税的，但是由于存在行业差异和企业规模差异导致的纳税人身份不同等因素，各行业、各企业在"营改增"后税负效应不同。或者说，"营改增"政策实施导致企业税负变化不均衡，苦乐不均。比如，交通运输业内某些相关子行业在实行"营改增"后，小规模纳税人税负明显下降，而一般纳税人多数会出现短期税负增加。又如，旅游业里面的小规模旅行社、酒店和景区门票收入的税收负担均显著下降，而按照一般纳税人纳税的规模较大的旅行社和景区非门票收入，由于无法足额取得进项税抵扣票据，导致纳税遵从成本增加，税负明显上升。此外，还存在报税工作量大增、政策适用不熟练、各"营改

---

① 表 2-1 世界各个国家/地区增值税开征时间与税率统计。

增"企业疲于奔命的问题。这里仍然以业态比较复杂行业的企业为代表作进一步阐述。

（1）一般企业面临的征纳税问题

①由于税收制度设计不尽合理导致的相关问题。

A. 多业态企业普遍存在个别业务归类难的问题，加上各地政策口径不一致，使业务归类难的问题更加突出。以旅游行业为例，近些年来随着人们生活水平的提高和自主选择意识的增强，人们自费旅行的意愿大大增强。"自由行"深受许多旅行爱好者喜爱，旅行社各种单项委托业务越来越多，但各地税务机关对这些业务的税务处理大相径庭。比如湖北、福建等地区的税务部门把这些单项委托业务归入"旅游服务"，其他一些省份和地区却将单项委托业务划入"经纪代理业务"，比如北京市、广州市和中山市。虽然这两种业务归类下税率和征收方式一致，但还是给相关旅游企业的税务处理工作带来极大的不便，甚而至于大大地影响了这些企业拓展此类业务的积极性。

B. 差额征税方式中，交通票据抵扣问题仍然突出。由于"营改增"涉及面广，考虑行业差异大以及以往营业税征税实践中的特殊情况，营业税改征增值税中特事特办，对少数业务实行差额征税法，由此产生了交通票据抵扣难的问题。比如，旅游业的旅游服务业务增值税征收方法平移原营业税差额征收方式，就遇到交通票据扣除难题。征税实践中，很多地方在抵扣时要求企业取得飞机票、船票和火车票等交通票据的发票原件，并以其作为进项税额抵扣依据。但是，实际生活中乘坐交通工具需要验票，票据原件基本由旅客个人保存，结果就造成相关企业无法收齐全部票据。又如，飞机票购买方退票也导致无法取得有效票据。再如，旅游团中个别旅行者要求退票时，旅游企业一般会被要求先退行程单再退票，造成要退回整个旅行团的行程单。与此同时，退票所产生的手续费和退票费也无法取得税务部门认可的有效票据。凡此种种情况，都会造成差额征税中票据难以足额抵扣的问题，因而给旅游企业带来税收利益的损失和徒增纳税遵从成本。

C. 增值税政策客观上造成新的会计与税法差异问题。按照"营改增"政策规定的差额征税法，应当以取得的全部价款（含税）扣除相关扣除项目后的销售额作为计税基础。但是，财政部公布的《关于增值税会计处理的规定（征求意见稿）》关于差额征税账务处理基本延续了财会〔2012〕13号相关会计核算的处理思路，此二者对差额纳税的会计核算思路是，全部价款及价外费用（含税）分离的销项税款是扣除可扣除项计算出来的销项税额。可见，"营改增"政策客观上造成了与会计核算的分歧，也就是所谓的税法与会计核算差异问题。该问题的存在不仅会导致企业纳税遵从成本的上升，而且给相关人士充分理解和办理纳税与会计相关业务带来困难。

D. 差额征收方式导致纯消费型增值税在实践中不可能实现。当有企业可以适用差额征税方式时，它们就不能够开具增值税专用发票，而代之以开具增值税普通发票，其后果是导致其下游企业就不能抵扣其采购中包含的进项税额，进一步地增值税抵扣链条戛然中断，最终形成重复征税。很显然，这种情形与纯消费型增值税理论背道而驰。

② 与增值税征收管理相关的问题。

除了上述增值税税制设计中存在一些问题以外，增值税实际征收管理中尚存在一些问题需要解决。

A. 发票管理漏洞仍然存在。这个问题不仅扰乱了税收征管秩序，导致国家税款流失，而且不利于经营正规企业发挥竞争优势。实地调查研究发现，增值税征管实践中仍有少数企业不严格执行收款开具增值税发票的规定，即便按客户要求开票，这些不法企业往往通过变相增加收费的方式将税负转嫁给客户。相比较而言，那些严格守法的正规企业则无论客户是否提出开票要求均开具发票，结果造成守法企业的纳税成本相对较高。将这两类企业相比较不难发现，前者税负轻，而后者税负重，对后者是不公平的。依法开具发票，依法纳税的企业可能还要面临一个不利的后果，即严格执行增值税发票管理规定往往导致正规守法的企业不能迎合客户的某些不当开票要求，容易造成客户流失。无论是哪种情况出现，都可能对正规守法企业造成较为不利的影响。因此，仅仅基于维护公平税负环境出发，也应当堵塞增值税发票管理漏洞。

B. 旅游出境免税政策有待进一步落地。根据国家税务总局公告 2016 年第 29 号、北京市国家税务局公告 2016 第 15 号以及财税〔2016〕36 号文件，旅游服务出境免税必须进行备案并提供跨境服务合同、购买方出具的具有购买方法定代表人（负责人）签字或者由购买方单位盖章的服务地点在境外的书面证明等资料。同时，税务局要求企业对每一个出境游旅行团都单独备案。但是旅游企业在实际操作中存在一定困难，难以将这些政策文件的规定落到实处。

C. 旅行社先缴增值税后提供旅游服务成"常态"。按照常规操作，旅行社提供旅游服务一般是先收款后提供服务，业务开展具有跨度期长的特点。我国一些地区为了便利税收征管明确规定，旅行社与旅游服务购买方签订合同并收到款项的当天即为纳税义务发生时间。很显然，该规定与《营业税改征增值税试点实施办法》第四十五条第（一）款的相关规定相悖。

国家税务总局货劳司反馈也认为，旅行社此类业务的纳税义务应该以服务的提供为前提。但是，鉴于目前我国增值税征管的特点是以票控税和信息管税，一下子解决该问题还存在技术上的障碍，只能期待通过后续采取新的措施加以解决。

D. 一些税收征管制度设计仍然存在较大缺陷，例如对增值税发票管理的"三流合一"政策。39号公告从开具发票增值税方的角度规定对外开具发票原则"三流合一"，具体包括"货物、劳务及应税服务流"、"资金流"、"发票流"必须都是同一受票方，强调了是"同一受票方"[①]。但是在现实经济活动中，由第三方发货、第三方收款的业务十分普遍。可见，税法关于增值税发票管理的"三流合一"政策已经滞后于经济发展形势了，应当适时加以解决。这种情况在旅游业也屡见不鲜，比如：有的地方规定，旅行社向酒店付款，那么酒店发票只能开给旅行社而不能以客户单位为开票抬头。

③纳税遵从成本增加问题。

在传统营业税制中，税基并不统一，大部分行业按销售收入征税，但也有少数行业按毛利征税。"营改增"过程中，考虑到这个历史问题，采取了"平移"征税方式的做法，也就是说针对特定的行业仍然按毛利（或称"差额"）征收增值税税款。在增值税下，按照毛利征税，纳税人纳税遵从成本比以往明显增加。因为增值税对企业的发票管理、业务核算和纳税管理都提出了更高的要求，所以导致相关企业会计核算工作量大幅度增加。为准确核算应纳税款，各企业必须比以往投入更多人力、物力和财力资源。仍然以旅行社为例，税务部门要求这些企业按旅行团逐一计算增值税，合格的一般纳税人企业不得不安排大量人员专门核算增值税，种类繁杂的票据处理非常烦琐，人工成本及其他相关成本剧增。另外，由于日常经营中应付账款、预收账款

---

① 《国家税务总局关于纳税人对外开具增值税专用发票有关问题的公告》，国家税务总局公告2014年第39号。

和其他应付款等账项期限较长，企业在收款或确认收入的同时就必须缴纳增值税，而与之对应的成本发票回票周期一般都长达 2~3 个月，造成企业长时间垫付税款，占用营运资金非常严重。凡此种种情形带来的财务后果非常严重，巨额资金占用不仅导致高额机会成本，还影响到企业营运资金政策。

（2）特殊业务的征纳税问题

"营改增"虽然使一些企业真正享受到了税收负担下降的好处，但他们却面临一些税款征收管理方面的问题，下面举几例加以说明。

①兼营、混合销售和视同销售往往难以区分。

以我们熟悉的酒店类企业为例，这类企业具有经营业态多样化、业务区分度小的特点。酒店的各项收入之间往往存在依存度高或关联性大的问题。一般情况下，酒店房价内含有一次性洗漱用品、方便食品和矿泉水等物品，以及早餐、接送、电话、网络、健身、洗衣等服务，仅仅以房费金额确认住宿收入是否合理？合同之外的免费桌花、赠送婚房等业务是否必须做视同销售处理？此外，在额外收取早餐、接送、电话、健身和网络等服务费用的情况下，是否可以适用其主营业务 6% 的增值税税率？很显然，住宿之外的这些项目纳税认定争议很大，而税法又无法一一对其加以规定，势必造成税收征管难题。

②与员工福利（劳动保护）相关业务的进项税额抵扣凭证的获取难题。

许多企业或行政事业单位都有给员工发放制服的传统，相应地衍生出税收征管问题。例如，员工制服的洗涤费用能够抵扣进项税吗？即便能够，还存在这些洗涤用品或服务提供的供应商是否能开具增值税专用发票的问题。为避免涉及纳税争议，许多单位在实际业务执行中往往采用抓大放小的办法，即通过选取正规供应商，尽量获得较大进项税抵扣额度。

③与总分公司相关的总公司不动产进项税抵扣难题。

为实现品牌管理，一些企业集团一般要求业主公司单独成立一家分公司来独立运营相关业务。按照税收征管办法，业主总公司和分公司要分别申请独立的增值税税号，各自独立开具增值税发票。但是，与不动产及固定资产相关的增值税进项税都在业主总公司账上。显而易见，业主公司的收入无法立即或甚至长时间都没办法抵扣账面累积的增值税进项税。与此同时，该公司的分公司却一直在缴纳增值税。从企业集团来看，不动产进项税抵扣问题影响的不仅是非常资金占用带来的机会成本，而且影响其营运资金政策和增加固定资产投资的积极性。

④过渡期税收制度与措施未来走势不明朗问题。

与税收制度相关的主要问题是，A.简易计税办法的适用期限没有明确。比如，有些行业的一些业务适用简易计税办法（通常税负比较低），适用期限都有明确规定（比如旅游业的景区业务为 36 个月）。既然是过渡期安排，必然有到期的那一天。一旦期满，这些企业是否还能够继续适用过渡期税收政策？可是，税法并未就此做出明确规定，这无疑给企业的未来经营增添了不确定性。B.由于个别业务特殊引起的税收政策空白区问题。比如，旅游行业景区提供自动导览器租赁服务，游客缴纳一定数额的押金与租金后，可随身携带进行参观。这里景区自动导览器租金收入该按何种税率纳税？没有任何税收法规对其加以规定。又如，国家税务总局货劳司发现（2016 年 10 月），特种设备行业的生产安装特点十分特别，而由其制定的"营改增"相关税收政策未能及时加以体现。C.在纳税遵从方面，由固定资产进项税分次抵扣引起的不便。根据《营业税改征增值税试点有关事项的规定》（2016 年 3 月），适用一般计税方法的试点纳税人，2015 年 5 月 1 日以后取得并在会计制度上按固定资产核算的不动产，或者 2016 年 5 月 1 日以后取得的不动产在建工程，其进项税额应自取得之日起分 2 年从销项税额中抵扣。其中：第一年抵扣比例为 60%，第二年抵扣比例为 40%。这种固定资产进项税分次抵扣，必然给企业带来大量繁杂的计算。加上一些企业业务种类繁多，甚至有些业务适用税率都难以确定，无疑给企业纳税遵从带来巨大挑战。现实中，确实有企业通过不当操作盗取税款，它们可能采取的手法比比皆是，比如企业在低税率业务中出现高税率抵扣，或者想方设法向低税率项目转移收入，等等。

9.3　增值税制优化建议

根据上文分析不难发现，"营改增"政策实施过程中确实出现了许多新情况、新问题。其中，有些是税改政策措施（税收制度方面）不到位引起的，有些是税收征管引起的，还有些是由企业人为引起的。鉴于企业所处行业不同，其业务的复杂性、产业关联度、具体经营内容以及成本结构存在差异，因此本书区分有关情况提出增值税制优化的政策建议，旨在使"营改增"政策更加符合企业所在行业的特点，帮助企业尽早减负增效。

无论对于交通运输业还是对于现代服务业（含旅游业）而言，进一步完善和细化"营改增"税收政策，加快增值税立法都是保证这些企业在"营改增"之后实现税收负担只增不减的预定政策目标的有力保证。目前，我国有关税收立法权和税收政策制定权主要集中在上级管理部门，中央主要在人大常委会、财政部和国家税务总局等机构，地方主要集中在省级政府。税收立法和税收政策制定权的这种制度安排决定了税收政策法规的规定只能是笼统、概括或粗线条的。此次"营改增"政策措施同样没有细化到位。为兑现政府关于"营改增"税收负担只降不升的承诺，有必要结合行业特点和一些企业实际经营情况，针对这些企业在"营改增"过程中出现的问题和困难，制定符合行业特点的实施细则，增强"营改增"政策在这些行业和企业实施的可操作性。同时，根据税收法定原则，完善相关法律法规和政策，为"营改增"税收政策措施全面得到落实和税收征管工作的顺利开展提供法制保障。

1）对"营改增"企业的一般性政策建议

（1）"营改增"企业应当着力健全财务核算

由于2012年以来推行的"营改增"政策对那些过去缴纳营业税的企业而言，在纳税管理上是陌生的、全新的，相关部门和人员只有通过强化财务核算、刻苦钻研增值税纳税申报技术才可能很快适应新的税制，而掌握增值税纳税管理关键在深刻领会和熟练处理进项税额抵扣。相关企业必须根据税制变化，主动调整内部管理和经营方式，规范财务核算，完善发票管理制度，才可能最大限度地享受改革红利。企业通过加强财务管理、改进采购方式往往可以实现税负降低目标。购买方需慎重选择物资供货渠道，足额获得可用作销项税抵扣的进项税额发票。由此可见，企业在选择供货商方面，需要考虑的不仅是稳定的货源、货款支付条件等问题，而且包括供货商增值税资质问题。

（2）"营改增"企业根据规模经济原理和自身经营状况可适度加大投资力度，充分利用税收改革红利

与以往缴纳营业税相比，"营改增"打通了这些企业的增值税抵扣链条，降低了相关企业的经营成本和行业整体税负。新增固定资产纳入增值税抵扣范围，可最大限度降低企业购买新型节能环保设备的成本，降低这些企业转型升级带来的固定资产投资风险。此外，固定资产加速折旧和研发费用加计

扣除等政策可给相关企业带来所得税方面的节税利益。这些因素的共同作用能给当事企业带来非常可观的节税收益（包括绝对节税与相对节税）。所以，有关"营改增"企业在实现规模经济效益之前应当加大投资力度，加强技术革新，不失时机地抓住由"营改增"带来的良好发展机遇。

（3）加强税收法律、法规学习，向纳税筹划要效益

包括旅游行业在内的许多行业，其业内许多企业往往都开展多种经营，跨业态经营现象十分常见。"营改增"企业若采用跨业态综合经营模式，那么它的税负弹性将很大。按照纳税筹划思路，这些企业税收筹划空间就很大。所以，相关企业的管理人员和业务骨干应当适时学习财务规则、税收政策和行业动态等知识，尽快发现纳税筹划切入点。在此基础上，制订出科学、合理而完整的税收筹划方案并保送相关主管机关备案。这样做既积极主动地为企业进行价值发现，也能有效降低纳税筹划风险。

2）围绕一般综合类企业"营改增"政策优化建议

"营改增"以前，旧营业税制下对一般企业征税是按照纳税人提供应税劳务、出售或出租无形资产及销售不动产向对方收取的全部价款和价外费用。但是，也有少数例外情况（比如旅行社），是根据"收入－可抵扣成本"乘以5%税率缴纳营业税，根据精密测算，按此口径计算出的营业税一般占营业收入的4%左右。"营改增"以后，新的增值税制按"销项税－进项税（采购成本 × 税率）"缴纳增值税。也就是说，新税制下税基发生了一点变化，税率由原来5%（营业税率）调增为6%（增值税税率）。经过此调整，在不考虑税基的情况下，直观上看，相关企业（如旅行社）的税负加重了。但是，还不能就此轻率下结论。因为，税基尚未作详细分析，它将直接影响企业税负的轻重。其中，关键因素就是可抵扣的进项税数额：如果供应商主要都是小规模纳税人，难以开具增值税专用发票，则直接导致企业能抵扣的进项税会真的减少，其结果是企业税负真的增加了。反之，若可抵扣的进项税可观，企业的税负有可能维持在原来营业税制水平，甚至下降。鉴于此，本章提出如下政策建议：

（1）税收政策方面，一般征税方式问题相对较少，所以将重点放在差额征税方式上

①在会计核算方面，应按照财税〔2016〕36号文附件2的相关条款，将扣除可扣除项的销售额计算出来的销项税额从取得的全部价款和价外费用

（含税）中分离。②可对实际票据取得难度较大的项目，给予一定比例的计算扣除；并适时取消差额征收方式，实行与其他行业企业一样的销项、进项抵扣方式。③应统一各地政策口径，尽快出台旅游行业的增值税征收指导性意见，明确旅行社提供的单项委托业务按照旅游服务征收增值税，排除税收归类问题给企业正常经营带来干扰。做好上述三点，有如下三个利好：第一，"余额为销售额"应该是以"余额为销售额"计算出的销项税额从含税销售额中分离，而不是从"全部价款和价外费用"计算出来的增项税额中分离，概念更加明晰化。第二，可扣除项中有部分项目是免税或零税率，不存在成本中含税问题，因此也不能从成本中按服务业 6% 的税率分离"可抵扣的销项税额"。如此，在短期内可暂时缓解交通票据取得问题给企业带来的困扰。第三，采取这些措施长期上可（基本）彻底实现全社会、全链条的增值税抵扣，消除行业上征收方式的不公平，促进社会经济和企业健康发展。

（2）增值税税款征收管理上应当做好如下几个重要工作

①继续强化增值税发票严格管理。增值税征收管理的核心工作是"以票控税"，"交易必开票"应当成为全社会范围内通行和硬性的规则，唯有如此，增值税的税负中性特点才能充分显现，其促发展和调控功能才能充分发挥作用。鉴于此，短期内应当规定凡收到营业收入的相关企业（如旅行社），必须向对方开具增值税发票。作为补充，企业在收取团费开出发票后，可以允许延后一段时间纳税，目的是尽可能确保企业在充分抵扣后履行纳税义务。政策制定部门，如财政部和国家税务总局，可以建议各省国家税务局根据相关企业（如旅行社）以往的扣除项目金额情况，给出适合本省的"差额征税"预扣除数额的比例区别，供相关企业参考。如果这些政策措施建议能够被采用并被落实到位，增值税的税收征管工作将发挥积极建设性作用：第一，可为不同规模的相关企业营造平等的外部竞争环境；第二，可在保证政府税收收入的前提下，减少企业由于垫缴税款而导致的现金流压力；第三，根据增值税发票的推广程度，配合差额征收方式，适时允许旅行社开具增值税专用发票，彻底消除重复征税现象，使增值税抵扣链条尽可能完整。

②建议涉外业务（比如出境业务）免税政策进一步落实，旅行社可按照资质而非逐团进行备案，同时要求其对国内业务与出境业务分开核算；建议总部主税控盘可以实现汇总抄报税，以简化操作流程；允许那些财务制度健全、会计核算规范的企业按照当月结算的毛利，参照原营业税的计征方法计

算缴纳增值税,等等。如果这些合理的措施能够落实,并通过试行检验和应用推广,那么这些企业的纳税遵从成本可能实现大幅度降低。

3）围绕个别企业特殊业务的税收政策优化建议

2012年初以来实施的"营改增"税收新政推行整体上十分顺利,但是在一些特殊行业还是遇到了一些执行（实施）难的问题。这些问题不是人为因素造成的,而是一些行业特殊性或业务特殊性所致。为此,国家税务总局听取多方面意见,与各级政府或行业协会等机构通力合作,比较圆满地解决了其中绝大多数问题,只是在一些具体问题上仍留下一些商榷余地,需要后续讨论研究加以解决。

以酒店行业为例,其主要特征是前期固定资产的投入过多,后期的劳动力成本相对较高。根据相关研究资料,未实行"营改增"之前,星级酒店缴纳的营业税占其营业收入的比重大致在5%到6%这个区间；实施"营改增"政策以后,按照一般适用的税率6%增值税率计算,通过以进项税额抵扣销项税额以后,星级酒店实际缴纳的增值税占到其营业收入的3%到5%之间。如果以该指标作为酒店业税负程度度量,我们可以得出结论,"营改增"以后酒店税负比税改以前有小幅降低。我们项目组对武汉光谷金盾大酒店的"营改增"税收负担调研结论也大致如此,该酒店"营改增"以后实际税负为大约3%。当然,对武汉光谷金盾大酒店而言,"营改增"所带来的好处还不止于税负一定程度上的减轻,还有助于促进其内部体制改革和调整,增强研发创新的动力和提升品牌效应。目前,这些因"营改增"获益的企业也有一些幸福的烦恼,那就是在实际税负降低的同时,如何降低纳税遵从成本,使税负降低变成实实在在的税后净收益。与此同时,如何做好因税负减轻而"富余"的现金流使用工作,使其在这些企业经营活动中发挥更大的作用,也值得学界和实务界进一步深思。

针对上文所述一些企业（如酒店企业）存在的切实问题,建议税务部门在征收管理上继续下功夫,创新传统税收征管工作,可供采取的措施主要有以下三个方面.

（1）进一步细化因企业销售多元化而形成的营业收入确认问题

以酒店为例,店房价内包含的早餐、网络、接送、健身以及一次性洗漱用品等内容,都可以认定为房价收入,并按6%增值税率征收增值税。再如,对没有写进合同中的赠送鲜花和婚房等服务,遵循"实质重于形式"原则,按照酒店的实际收款金额开票计征增值税。

（2）针对业主机构和分公司地处异地因不动产和固定资产进项税额抵扣而引发的问题，建议税务部门制定科学、合理和可行的方案

比如，可参照国税总局〔2016〕17号公告《纳税人跨县（市、区）提供建筑服务增值税征收管理办法》的精神，允许独立经营的酒店分公司在当地预缴增值税税款，再由业主总公司向其主管税务机关申报纳税，两地各按某个比例（比如50%~60%，40%~60%）分享抵扣金额。该比例可通过调查研究和科学计算得出，而且一旦形成不得随意变更。按照这个思路处理，既能使业主机构和分公司实现跨区域的税收利益分享，也切实根据企业经营特点缓解了征管体制给企业正常经营带来的税负错配问题，使增值税税收征管更加科学、规范。

（3）大力宣传依法纳税理念，在全社会范围形成规范增值税发票管理的氛围

目前，不仅一般纳税人可使用和开具增值税专用发票，而且小规模纳税人也可通过税务所开具增值税专用发票。增值税发票的广泛使用助长了一些不良行为的发生，仍然有少数不守法的交易方为偷逃税款拒绝开具专票，甚至虚开增值税票的行为也时有发生。为此，除了加大正面宣传力度以外，建议加大增值税违法、违规处罚力度，组织税务、工商等多部门联合执法，全方位打击、处罚增值税发票违规、违法行为，确保增值税税收征纳工作正常、有序。

再举一个景区企业的例子。景区企业经营活动往往涉及多业态，其收入来源多样化，一般包括门票收入、表演收入、客房收入、不动产租赁收入、游船收入和餐饮收入等。这些收入由于性质不同，按照现行增值税制，可能适用不同的计税方法和税率；作为纳税人，这些企业可能是一般纳税人，也可能是小规模纳税人。中国景区协会的一项调查显示，"营改增"之后，绝大多数景区企业将门票业务分支机构选择作为小规模纳税人，适用3%征收率。与"营改增"以前缴纳营业税、适用5%的营业税税率相比，税负明显下降，政府"营改增"结构性减税目标也得到充分体现。中国景区协会的调查还显示，景区的其他收入按照一般纳税人纳税适用6%增值税率。景区企业的这种税收安排有得有失，在部分业务税负降低的同时，其税收遵从成本有所增加。针对上述景区企业"营改增"过程中存在的一些实际问题，本书提出以

下三条政策建议：

（1）充分发挥各级旅游业行业协会在"营改增"全程中的沟通、协调、服务和自律作用

景区行业协会及其成员应当对旅游企业适用"营改增"新政策的过程中出现的问题和困难进行实时跟踪调查，及时拿出建设性方案并向相关政府部门提出有利于旅游业健康发展的建议；通过行业协会及其所属各级组织，有针对性地开展有关"营改增"政策法规、税收征管方法和技术的培训、学习、经验交流和业务指导等活动；增强相关企业及其从业人员依法经营、有序竞争的意识，提升景区行业从业人员业务素质和管理水平，迎接挑战，充分利用好"营改增"给企业带来的税收改革红利，抓住发展机遇，把企业做大做强。

（2）妥善处理好计入固定资产的不动产进项税额抵扣问题

根据"营改增"有关政策规定，计入固定资产的不动产进项税额需分两年抵扣。税务政策制定部门做出此项规定的主要出发点是担心由于不动产进项税额较大，一次性完全抵扣会影响当期税收收入。此项税收政策可能带来一系列问题：第一，给相关企业带来纳税遵从和占用资金的问题；第二，"营改增"以后，增值税占我国税收收入 50% 以上，若不动产进项税被允许一次性完全抵扣会在一定程度上刺激企业加大投资，这将与国家当前调控房地产市场的初衷相抵触。从国家宏观调控角度来看，这项税收政策规定也有其合理性。但是，仅从企业角度来看，它会在一定程度上干扰相关企业的正常投资决策，也必然违背了增值税与生俱来独有的"税收中性"特点。综合考量，站在增值税税负中性角度我们建议税务部门在统筹考虑国家房地产市场健康发展的基础上，在适当的时机允许不动产进项税额可在取得当期完全抵扣。

（3）正确理解简易征收政策的适用期限，以免相关企业因误判而导致税收利益乃至其经济损失

政策规定，一般纳税人发生财政部和国家税务总局规定的特定应税行为，可以选择适用简易计税方法计税，但一经选择，36 个月内不得变更。在 36 个月的过渡期以内，相关企业的税负下降明显。过渡期以后，符合有关条件的企业可以继续适用该政策。由于景区具有绿色环保特性，扩大其建设规模将有利于提高居民效用、提高人民的幸福感和获得感。同时，景区项目目前也是我国许多省市重点发展、急于引进的项目。综合几个方面因素，未来应秉

持促进景区企业健康发展的理念，继续从税收上给景区企业创造有利的环境。为此，税收政策制定部门应当给予景区企业长期适用简易征收政策的优惠，给予其扩大投资、扩大经营规模和提高服务质量的自信心和强大动力。

值得一提的是，许多景区提供的自动导览设备租赁收入税收处理问题值得探讨。鉴于此项收入在景区总收入中占比很低，可允许其与门票收入合并，一同按简易征收方式计算缴纳增值税。

4）关于增值税简并税率的一点建议

2016年3月23日，财政部、国家税务总局下发《关于全面推开营业税改增值税试点的通知》，决定于5月1日全面推开"营改增"，标志着在我国实行多年的营业税在税收实践中中止。2017年10月30日国务院第191次常务会议通过《国务院关于废止〈中华人民共和国营业税暂行条例〉和修改〈中华人民共和国增值税暂行条例〉的决定》，标志着营业税从法律和税收制度层面正式退出历史舞台。考虑到我国传统增值税制有三档税率17%、13%和6%，加上"营改增"过程中出现的新一档11%税率，我国增值税出现了四档税率。如此多的税率既给企业和相关利益主体纳税遵从行动带来不便和成本的上升，也给税务管理机构的管理工作带来较大难度；从理论研究层面来看，在其他条件相同的情况下，税率档次越多，经济效率损失越大。所以，无论如何针对多档增值税率问题需采取必要的相应措施。2017年4月19日国务院常务会议决定简化增值税税率结构，随后财政部、国家税务总局于4月28日发布了《关于简并增值税税率有关政策的通知》（简称《通知》，财税〔2017〕37号）。《通知》规定，从2017年7月1日起，将增值税税率由四档减至17%、11%和6%三档，取消13%这一档税率；将农产品、天然气等增值税税率从13%降至11%；同时，对农产品深加工企业购入农产品维持原扣除力度不变，避免因进项税额抵扣减少而增加税收负担。

至此，我国旨在扩大增值税征收范围并发挥其"税收中性"的税制改革工作告一段落。这意味着关于增值税的改革结束了吗？没有！我们将面临下一步改革工作，也可以说下一步增值税改革工作将更加困难，而进一步简并税率将是下一步改革重心之一。以往增值税制设计多档税率主要基于三个方面原因，即坚持实事求是的原则，考虑行业差别、财政收入和税负公平；保证"营改增"的平稳运行；平衡企业的税负、经济的增长和税制改革之间的关系。但是，税率的多元化与增值税的中性特征背道而驰，税率偏多还容易扭曲增值税抵扣运行链条，还可能会导致不同行业之间的税负不公问题，进而影响资源的优化配置，甚至还可能带来一定的征管风险和政策风险。

下一步如何简并税率？我国学者早些时候就已开展在这方面的研究，并形成两种基本观点：①实行"一档基本税率+一档优惠税率（非零优惠税率和零税率）"的模式。如杨志勇（2017）认为，考虑到我国国情和中国处于亚太地区的实际情况，我国合理的增值税税率应该是两档，即10%的基本税率和5%的低税率。史明霞（2017）基于产业发展方向、增值税税率下降的趋势及避免税负全面剧烈波动等方面的考虑，通过财政收入效应、企业分工效应和产业结构优化效应的综合分析比较，确定现行增值税税率简并的最优方案，即工业增值税税率水平为17%，服务业为6%[①]。②统一比例税率（如朱为群，2016）。这派人士认为，在充分考虑现实税负水平和财政收入影响的基础上，应确定12%左右的统一税率，并通过5年或者更长时间的一揽子过渡安排最终实现增值税税率的统一[②]。

此外，还有少数保守人士认为，我国现行增值税多档税率充分考虑了多种因素，兼顾了各个方面利益，已经成为行业惯例，能够为大家所接受。所以，不必加以改革。

但是，总的看来赞成改革的人更多，焦点集中在是循序渐进逐步合并税率还是一蹴而就实行单一税率。从增值税率国际比较来看（表2-1 世界各个国家/地区增值税开征时间与税率统计），世界上绝大多数国家都实行单一增值税率，也许这也是我国国内呼吁实行单一增值税率主要原因之一吧。下面就第一、第二种观点进行进一步深入分析。

综合"营改增"对不同行业各个企业的影响来看，按照上述第二种观点将增值税率简并为唯一12%的比例税率，那么诸如旅游业的酒店、旅行社与景区门票收入将分别由原来的营业税率5%和3%变为增值税率12%，税率上升幅度较大，而交通运输业由11%上调为12%。很显然，现代服务业的税率上升太大，相关企业短期几乎无法承受；交通运输业税率上升相对小得多，对其所属企业影响几乎可以忽略不计。现代服务业（比如旅游业）企业

---

① 史明霞.后"营改增"时代增值税税率简并方案的选择[J].中央财经大学学报，2017（4）：21-30。
② 朱为群，陆施予.我国增值税税率简并改革的目标与路径选择[J].地方财政研究，2016（9）：9-14。

具有规模小、地处十分分散、劳动密集型以及服务对象个体化等特点，劳动力成本占行业所属企业成本 40% 左右。按照"营改增"以后劳动力成本不能计入进项税额加以抵扣，导致这些企业生产经营成本大幅增加，显而易见与"营改增"的改革目标相悖，当然也不符合我国拟定的产业结构优化政策目标。总的来看，近阶段实行单一增值税率阻力很大，难以行得通。如果搞行政压迫式的强制推行，又与我国当前依法治国、优化国家治理的理政目标背道而驰。所以，本书认为增值税率改革重点应当循序渐进式地逐步简并税率。这方面先期已有人做了广泛调研和其他研究工作，并形成了较为有影响力的初步研究成果。比如，上海财经大学公共政策与治理研究院评估团队发布了《中国全面实施"营改增"试点一周年评估报告》，其中提出了简化增值税税率结构的建议："我国可以考虑依照现代增值税模式，将三档基本税率向二档税率甚至单一基本税率简并；同时设有辅助调节税率，绝大部分商品服务适用基本税率，少数需要调节或照顾的商品和服务适用高税率或低税率。"很显然，上海财经大学的改革思路与上述第一种观点即实行"一档基本税率 + 一档优惠税率（非零优惠税率和零税率）"的模式高度一致。

结合我们熟悉的旅游业及其所属企业来看，旅游业应该适用相对较低的（辅助）调节税率，无论是采用较低的辅助调节税率还是"一档基本税率 + 一档优惠税率（非零优惠税率和零税率）"的模式，增值税率设定在 5%~6% 的区间较为合理，而且企业也能够承受并接受。因为按照该税率区间设定，不会增加这些企业的税负，能帮助其实现由营业税向增值税的过渡。而且，从政策层面来看，这样做不仅符合"营改增"的政策初衷，也符合我国产业结构优化升级的要求。

很显然，下一步增值税改革仍然是税制变动，不能仅仅归结为税率的调整或兼并。所以，其他改革措施也应当跟进或配套，比如按照税式支出理论拟定增值税优惠政策措施方面；进一步加强增值税发票管理，治理以往税票管理乱象；进一步健全征管措施，进一步扩大抵扣范围，逐步将相关企业的所有进项（比如企业采购的全部货物、劳务与服务）交易都纳入增值税抵扣链条。总而言之，通过群策群力与优化税制，全面采取各种措施与堵塞各种漏洞，最终建立起科学、规范、全面而系统的增值税体制与税收征管体系，使之服务于我国经济国际化、"一带一路"战略和新时代我国经济和社会全面发展的要求。

结束语

经过课题组十多位成员四年多的共同努力，本书作者主持的教育部人文社会科学研究一般项目"'营改增'试点：财务绩效、市场效应与税收政策建议（13YJA790075）"、北京市哲学社会科学规划项目"'营改增'效应与首都现代服务企业财务对策研究（13JGB039）"以及北京第二外国语学院校级科研项目"'营改增'的经济后果及其对企业纳税筹划行为影响研究——基于现代服务业视角（13Bb018）"等课题的各项任务圆满完成，取得了比较丰硕的研究成果，产生了良好的社会反响，实现了项目立项的各项目标。这些成果主要包括：①这本书已完成的专著初稿；②撰写学术论文若干篇；③参加国家旅游局举办的"营改增"经验总结报告会并作了专家报告；④参与社会调研与咨询服务十余次；⑤为宣传"营改增"政策，推动此项税制改革顺利进行，接受国内知名媒体采访两次。主要研究内容涵盖从学术角度对中国流转税制（特别是增值税制和营业税制）进行的梳理、对"营改增"文献进行的梳理、从市场反应角度对"营改增"政策效应进行的深入研究、从杠杆中介效应的角度研究旅游业"营改增"财务绩效、"营改增"经济效率测度与业绩相关性研究、"营改增"投资效率研究、"营改增"盈余管理研究、"营改增"政策评价与"营改增"税收政策建议等。

但是，受主客观条件的影响和制约，项目研究中也存在若干不足与有待改进之处。比如，研究数据选择难题，在目前的学术研究数据库中没有直接反映企业税负的数据，只能采取相近数据替代。研究中，我们用"由现金流量表中支付的各项税费减去收到的税费返还"作为企业税负代理变量。又如，"营改增"政策于2012年初开始实施，2016年5月全面铺开，以全样本为研究对象财务数据组显得不够长，尚无法全面、系统地考察政策（事后）效应。纵然使用可获得的数据做出了一些成果，由此得出的实证结论可靠性存在一定疑问。再如,从增值税特性和税收征管角度出发,理想的情况是在全国实行统一税制,并实行单一税率。但是,我国经济发展存在各种不平衡,行业间差距大,在税制设计中不能只讲理论模型而不顾现实情况,因此给税收政策建议的提出带来一定的难度。

综上所述,我们实现了预期项目研究目标,但是仍然存在不足。所以,项目组将继续总结国内外"营改增"研究成果,关注相关行业发展动态。在适当的时候,继续做一些后续研究工作,比如再次做一做"营改增"财务效应研究,或者到"营改增"企业做一些走访,帮助他们解决一些纳税申报方面出现的新情况、新问题。换句话说,"营改增"政策实施完毕了,但是相关研究工作要继续进行。我们将继续为"营改增"做些力所能及的事,建言献策;也为相关行业的发展和完善我国税收制度尽一分心、出一分力。

致 谢

前文提及本书撰写依托的三个科研课题得到计金标教授、王成慧教授和高凌江副教授的大力帮助和支持，他们为课题项目申请书的撰写和后续研究提出不少好的意见和建议；北京第二外国语学院科研处及其相关工作人员为科研课题的申报组织召开研讨会，为课题的后续研究提供许多帮助和支持，我们也从中受益。这些宝贵的帮助和支持是课题得以顺利立项和推进的关键，没有这些前置工作的开展，本书写作无从谈起。在此，对上述各位同仁表示最诚挚的感谢！

在项目研究和本书写作过程中，常琼琼、罗远方、李文博和李震同学提供了很大帮助，他们或帮助外出调研、访谈搜集数据和资料，或帮助处理数据，或帮助撰写部分章节草稿，或帮助组织处理学术交流活动事宜。他们在工作过程中积极主动承接任务，任劳任怨，不计较得失，深受课题组老师的好评。在此，对上述四位同学一并致以诚挚的谢意！

2017年本书作者与北京旅游教育出版社有限责任公司签订出版协议，出版社数字出版中心主任赖春梅女士给予了极大帮助和支持，特别是一些具体事宜的处理十分周到、得当。在此谨向赖女士和出版社编辑陈志先生致以衷心的感谢！

最后，我还要特别感谢我爱人唐秀菊女士所给予的宝贵支持与照顾！本书及所依托的研究项目跨期均较长，在此过程中家人的生活也受到很大的影响。她不仅在生活上给予我悉心的照顾，还帮助查找资料和打印文稿等，提供了许多力所能及的帮助。

当然，本书作者文责自负，若有学术不端与上述受本书致谢的人士无关。